ALPHABET
Handwriting Workbook

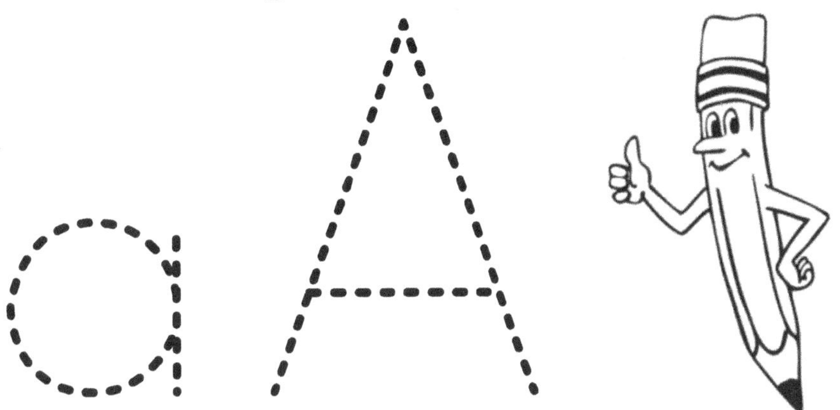

This book belongs to:

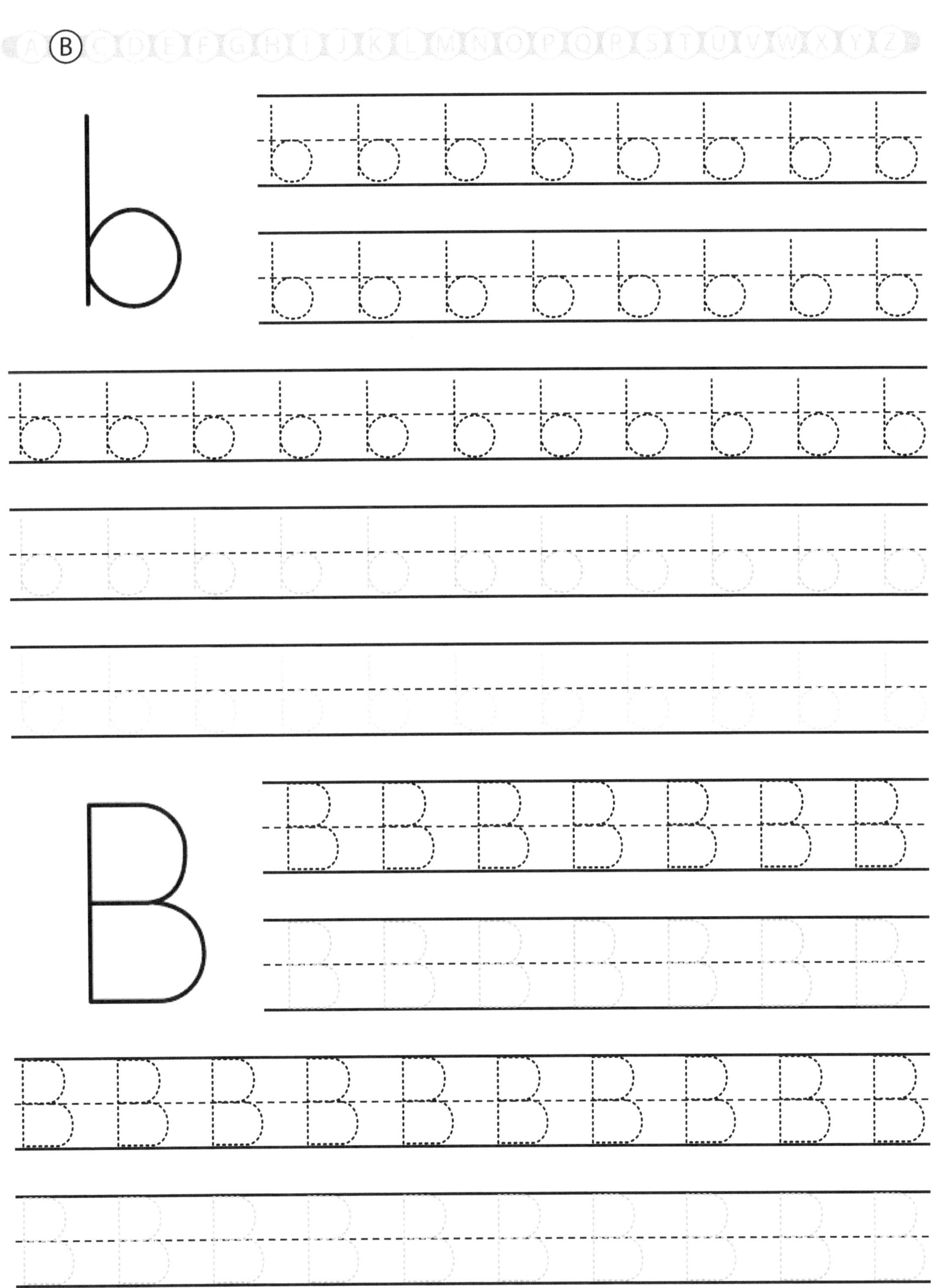

A B C D E F G H I J K L M N O P Q R S T U V W X Y Z
C
C

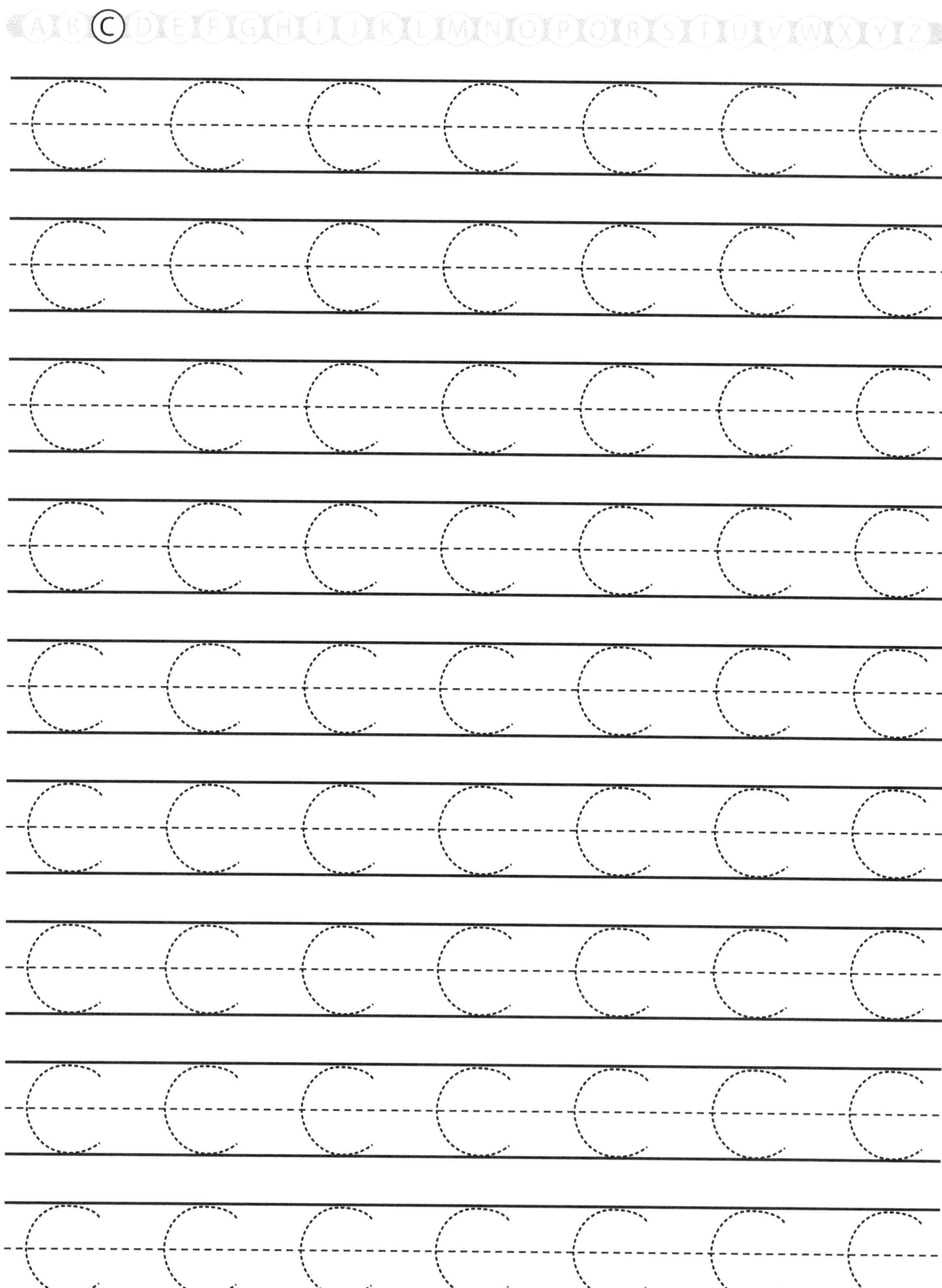

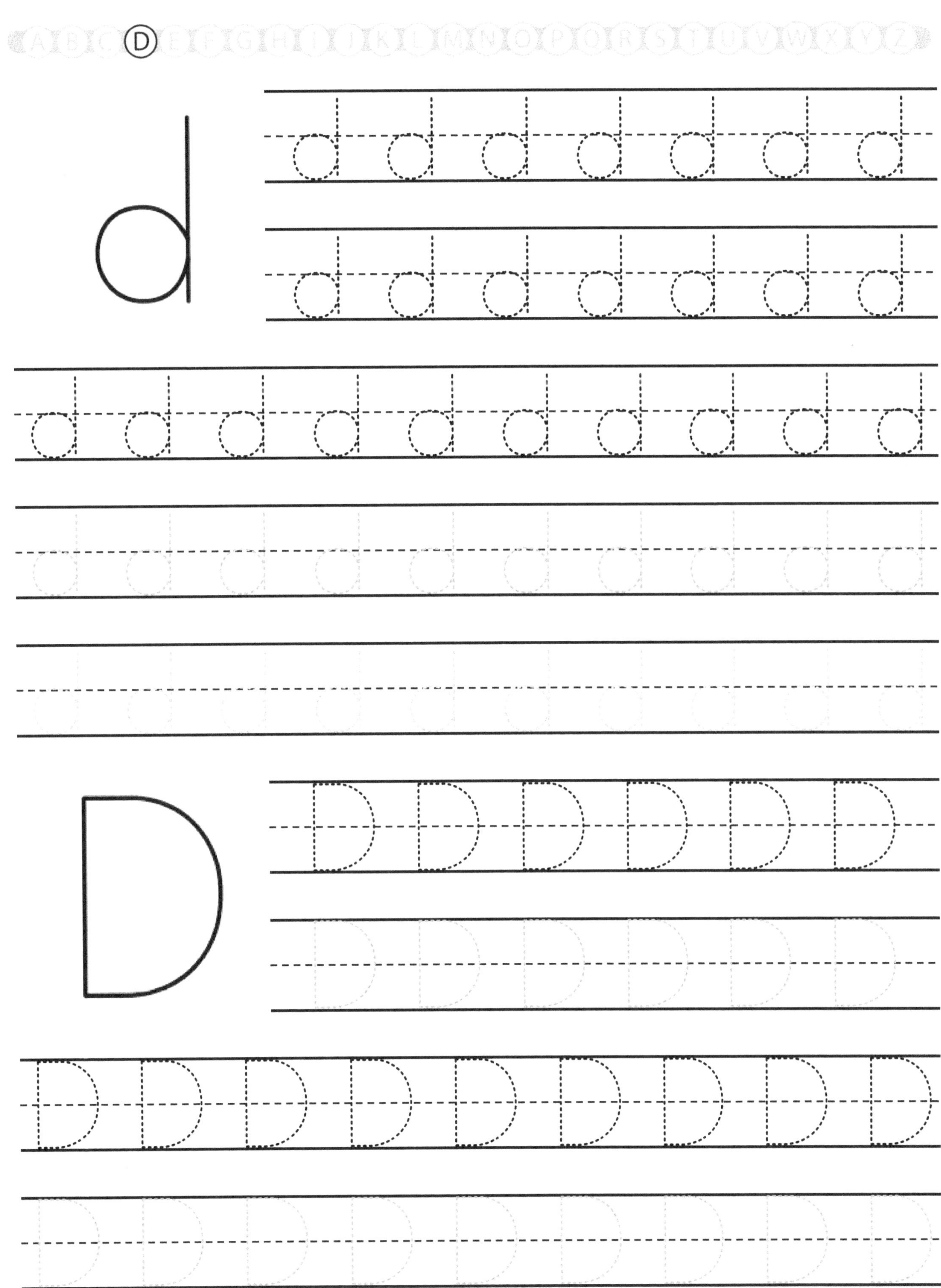

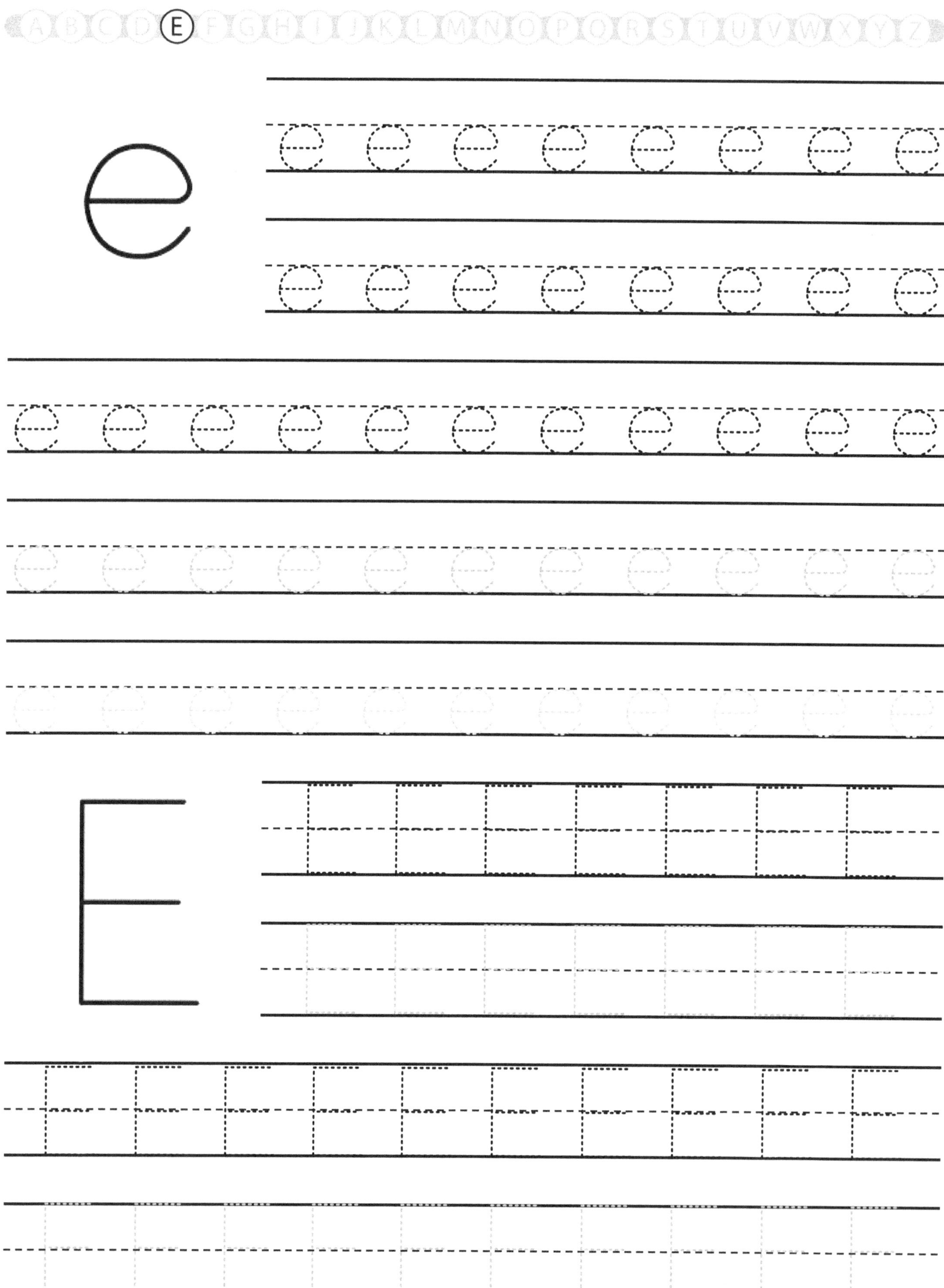

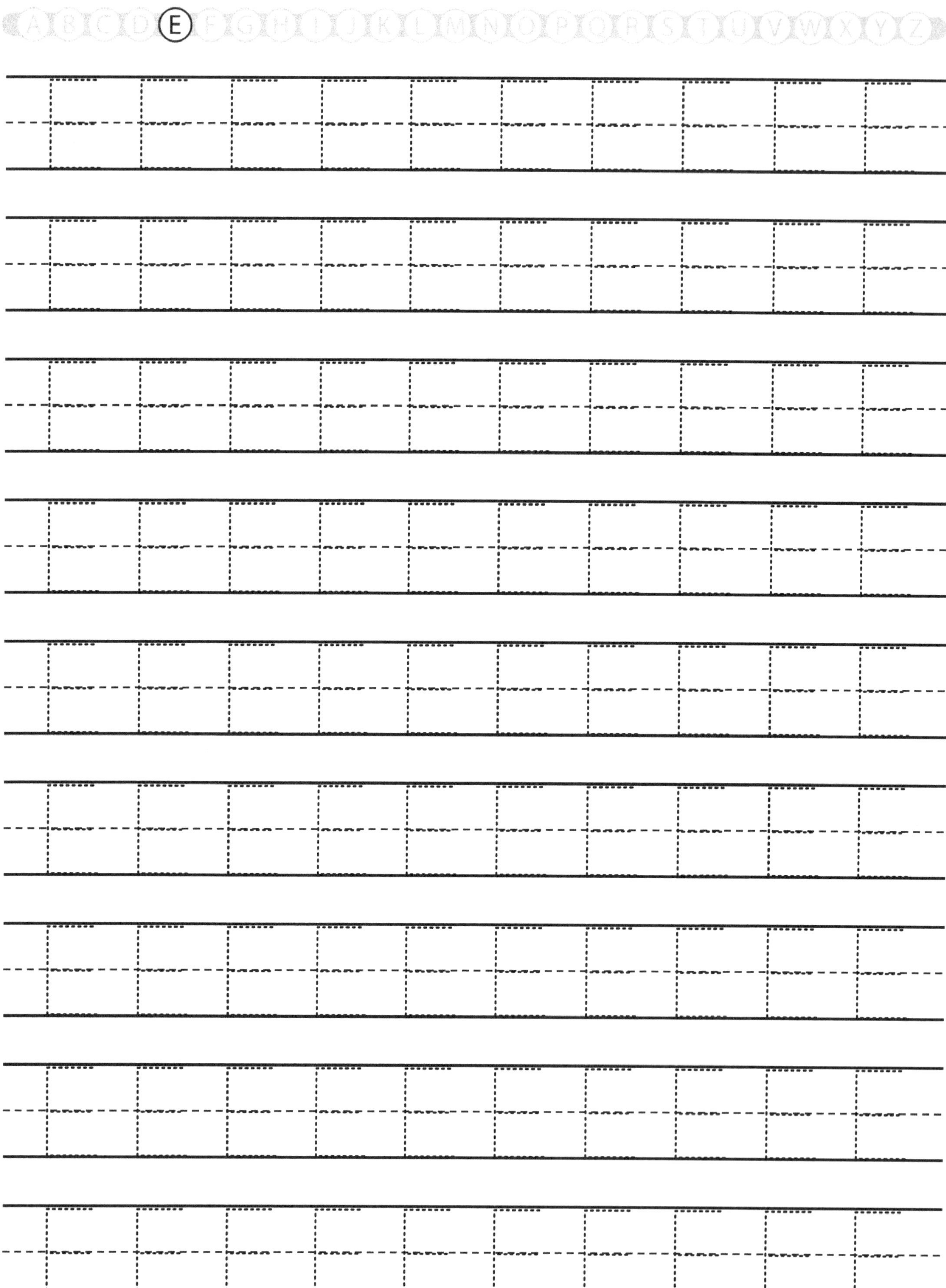

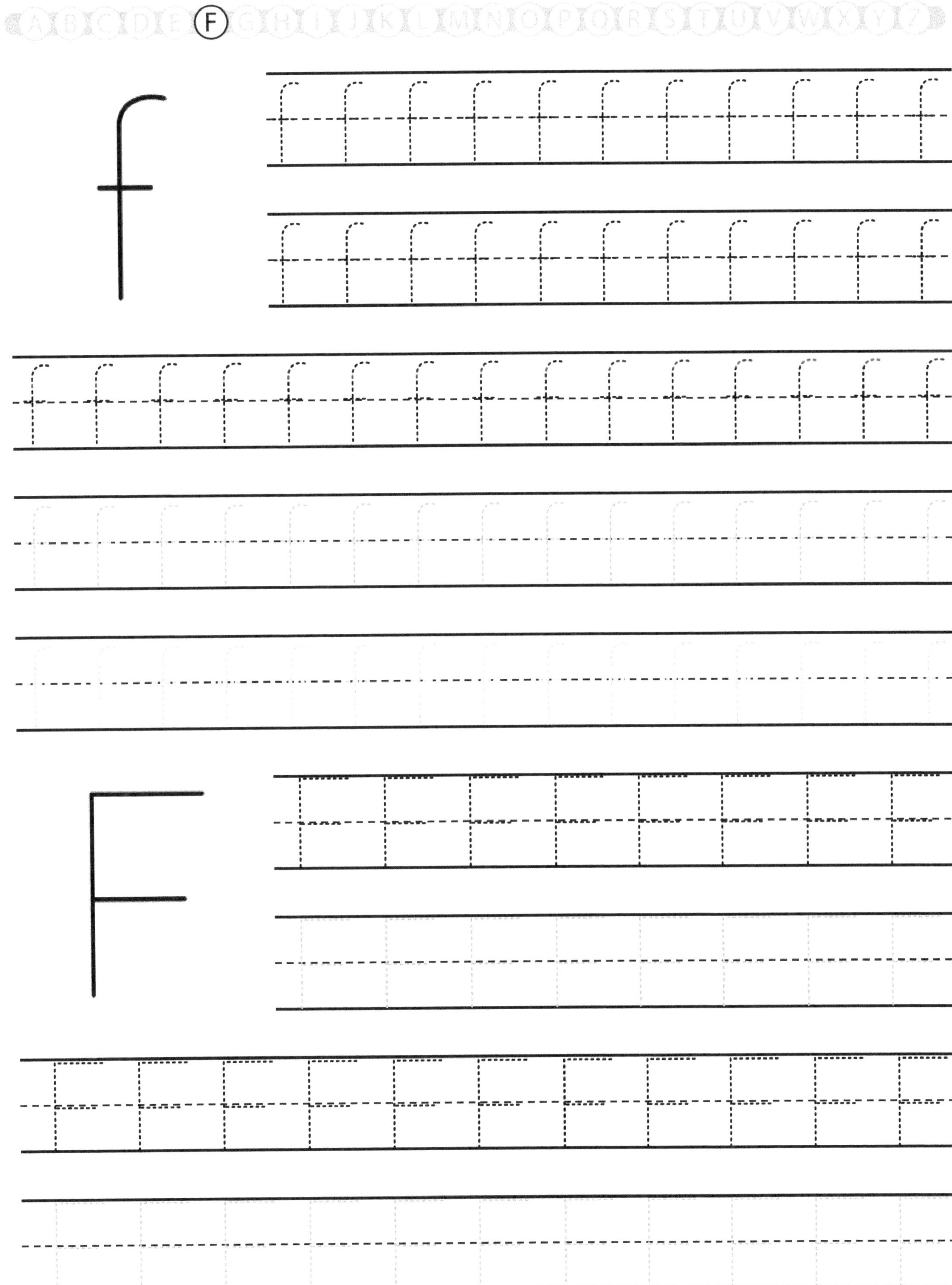

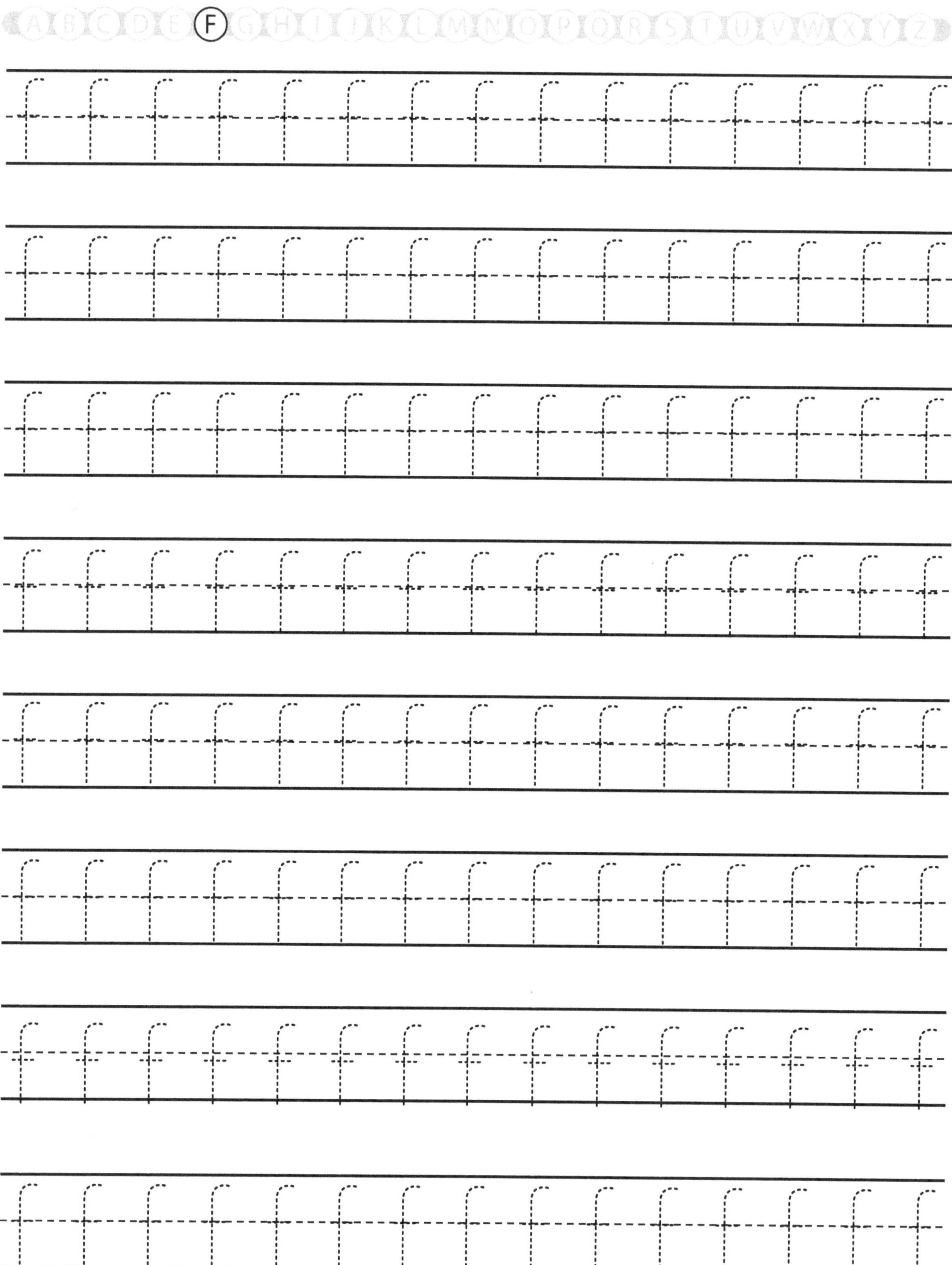

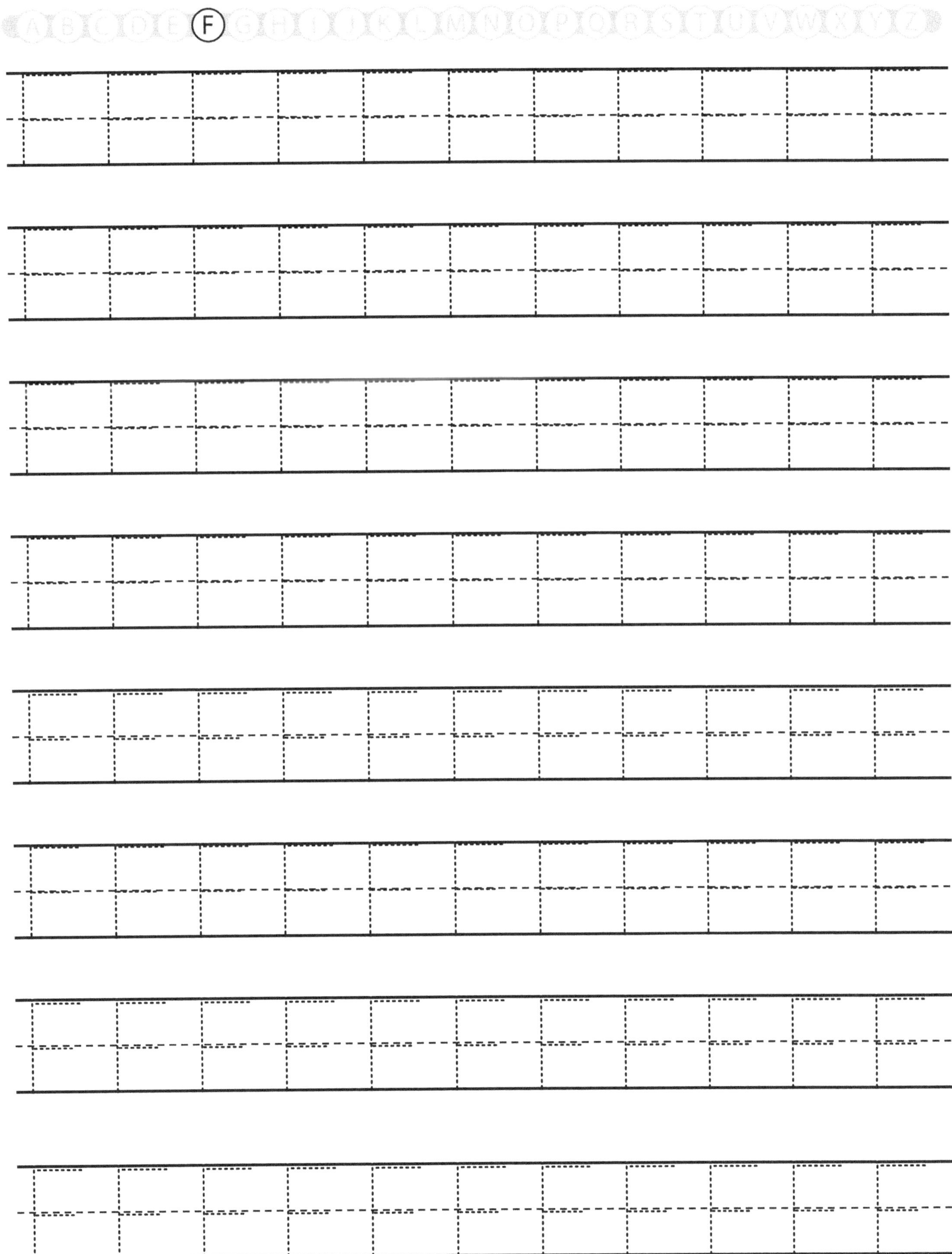

g

G

A B C D E F G H I J K L M N O P Q R S T U V W X Y Z

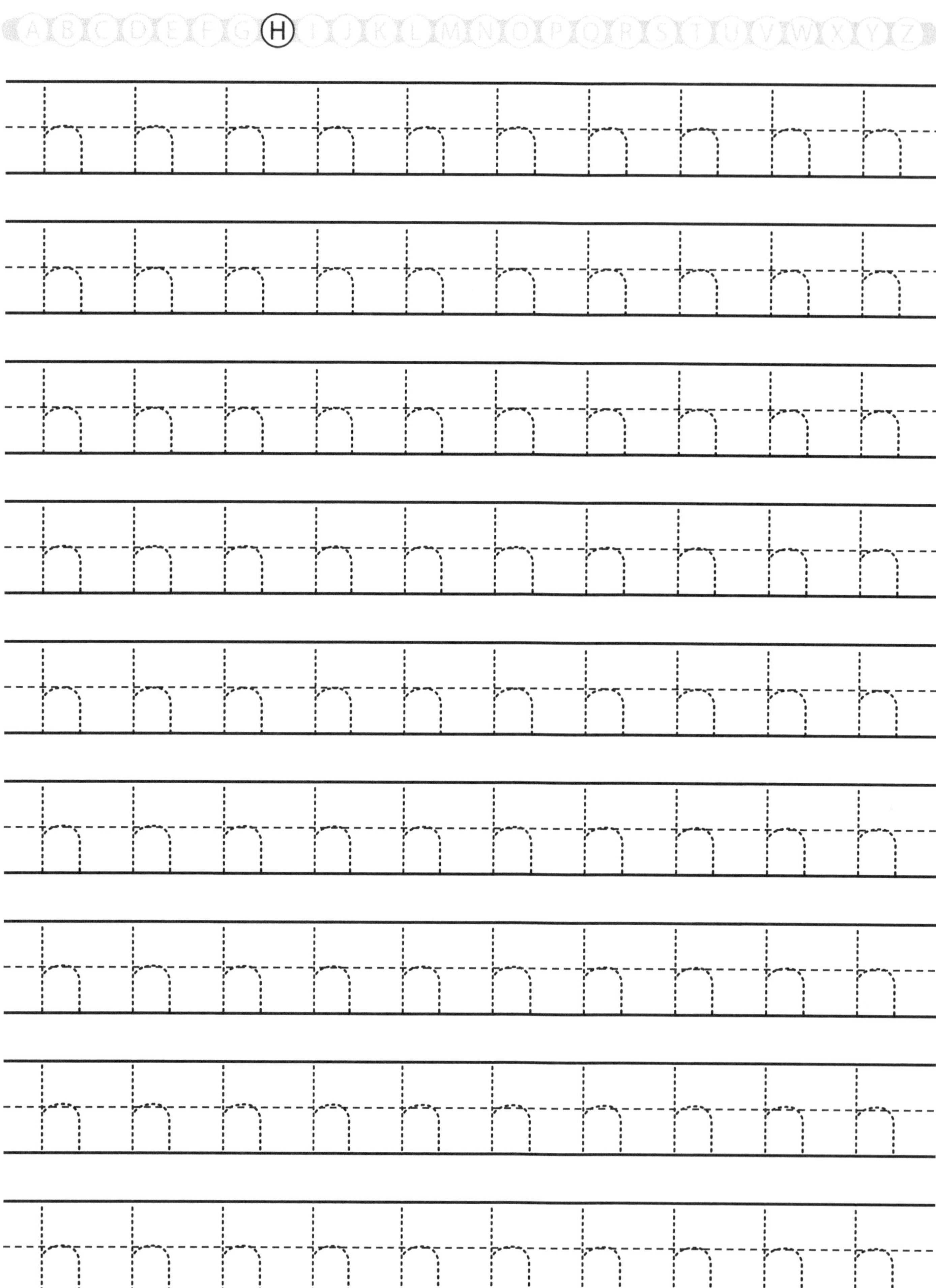

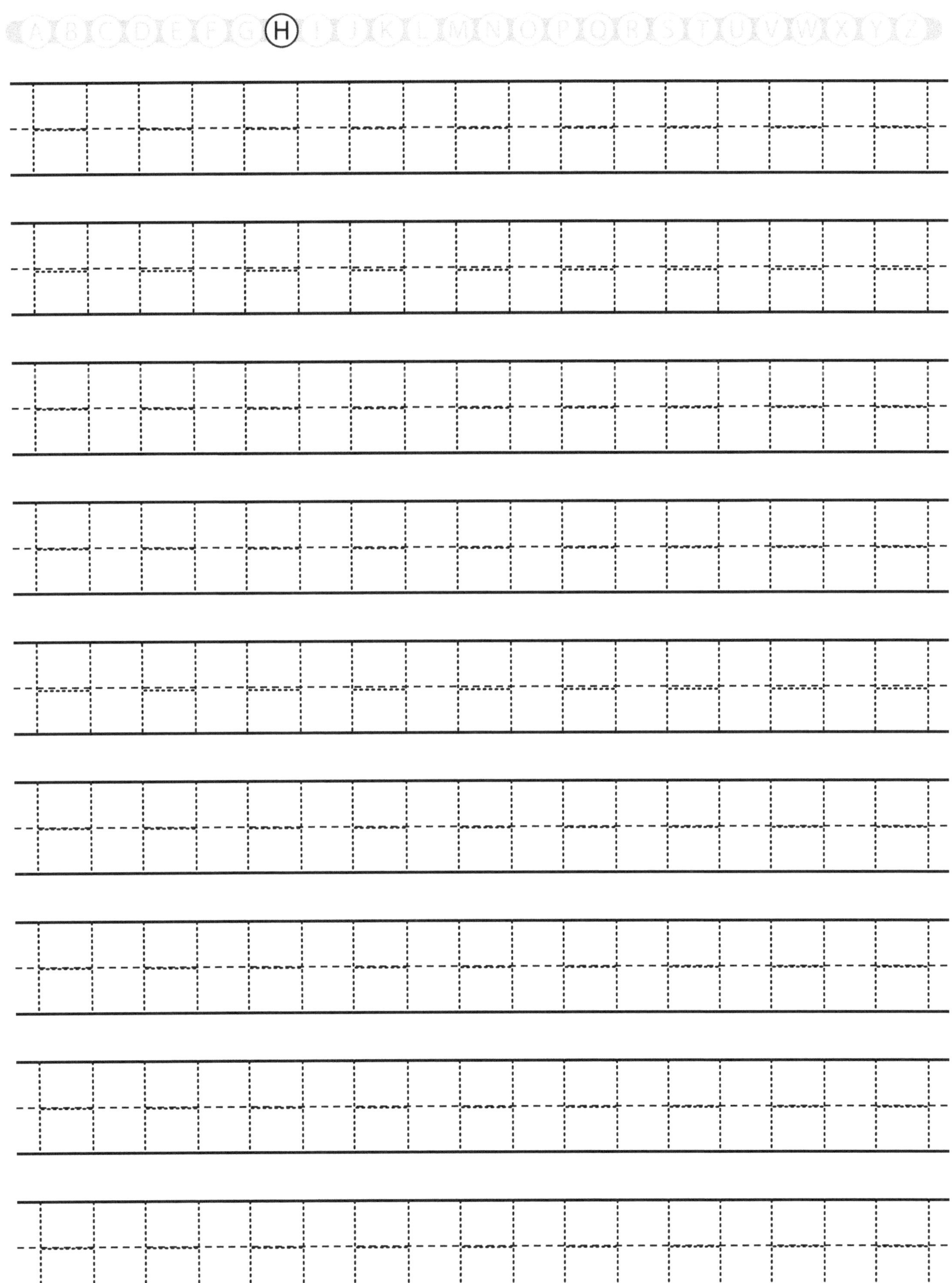

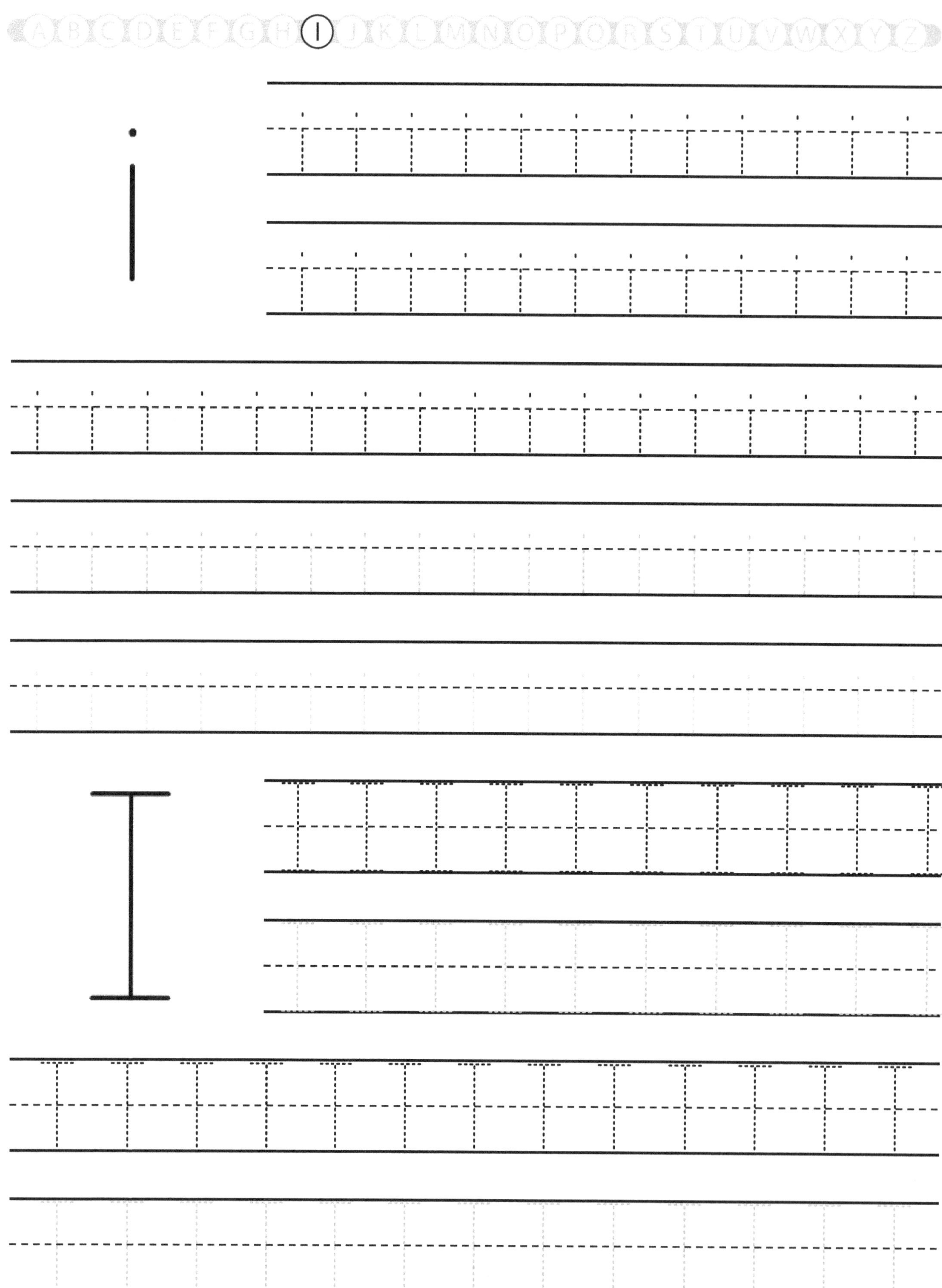

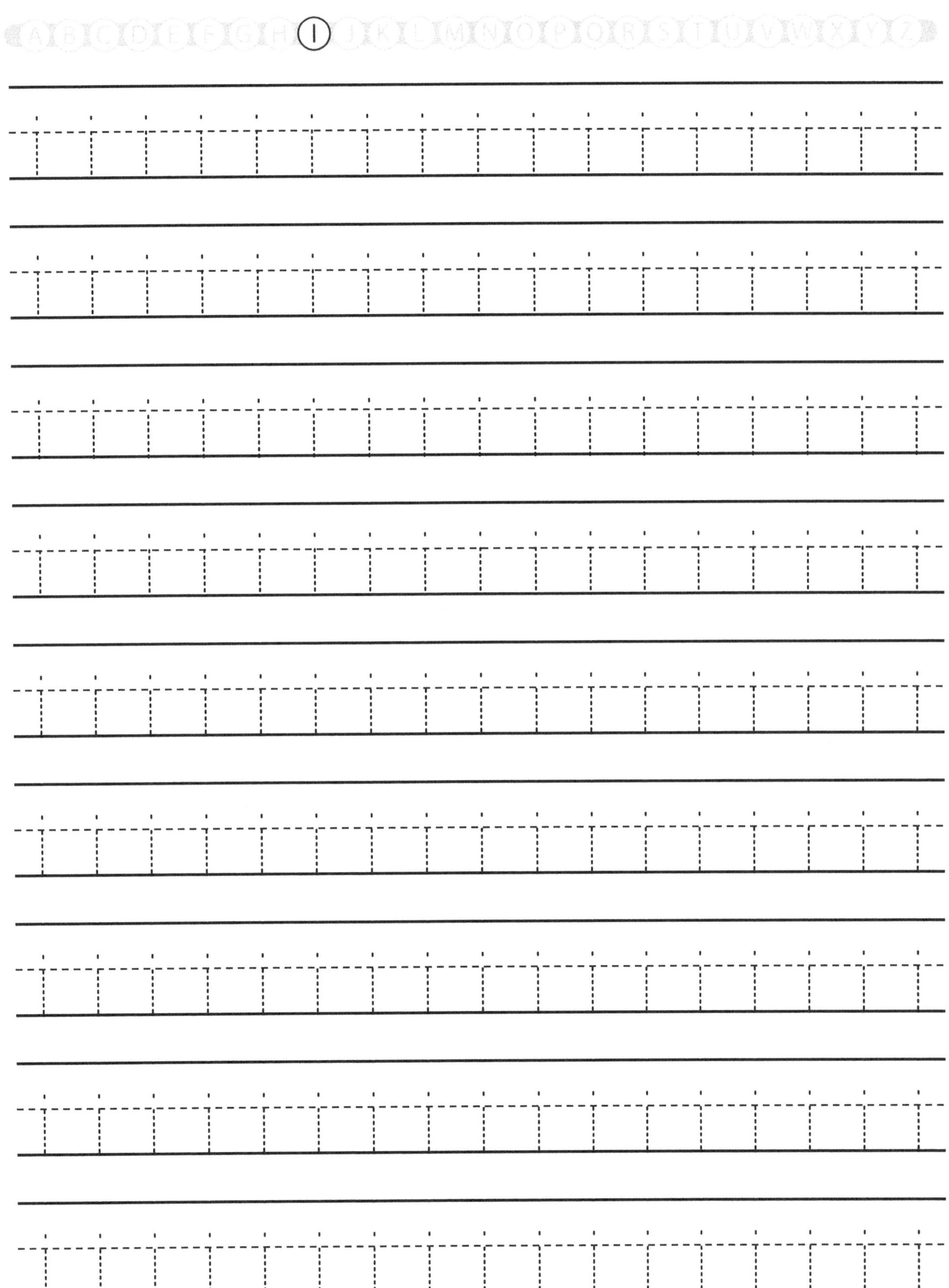

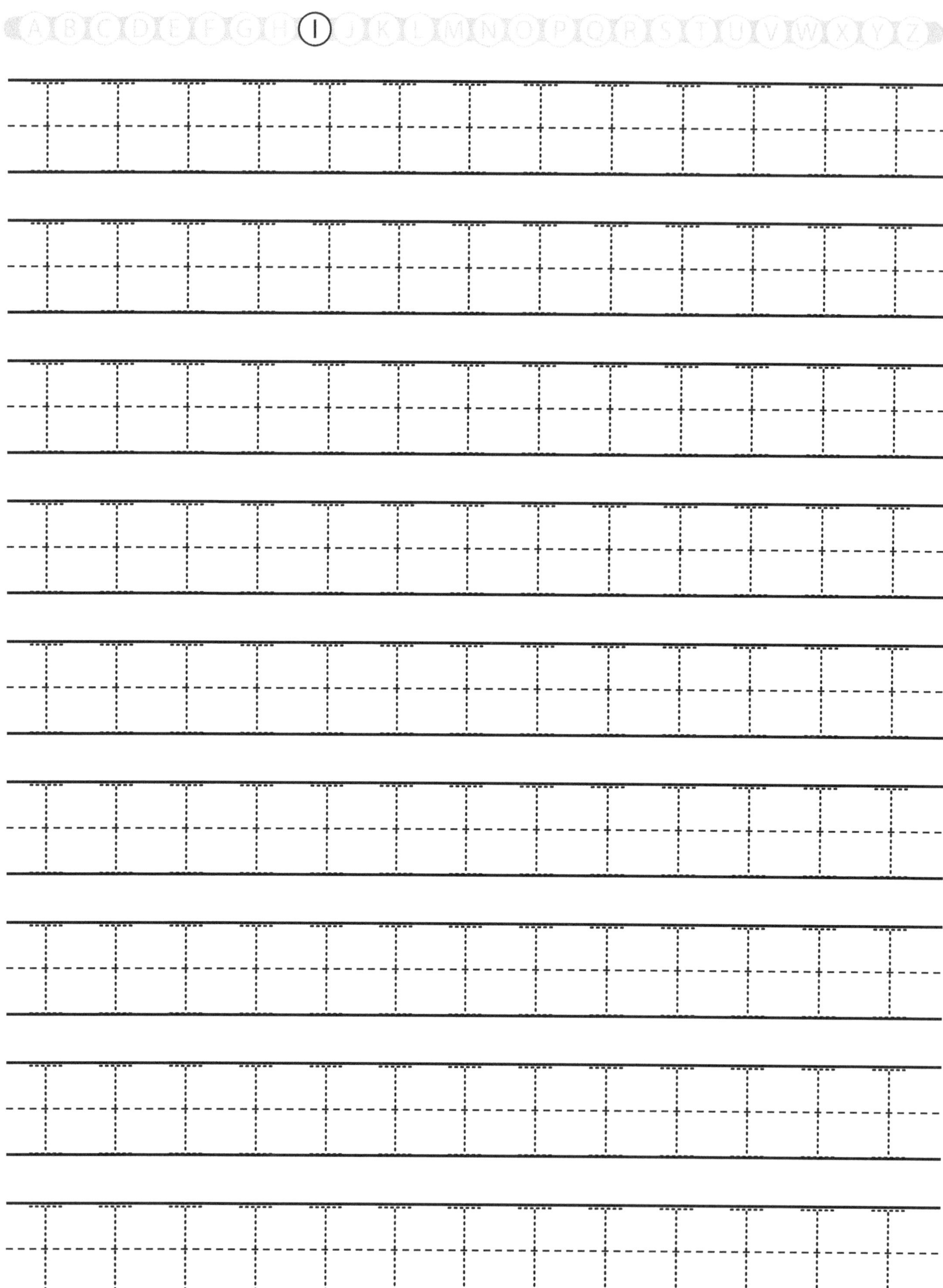

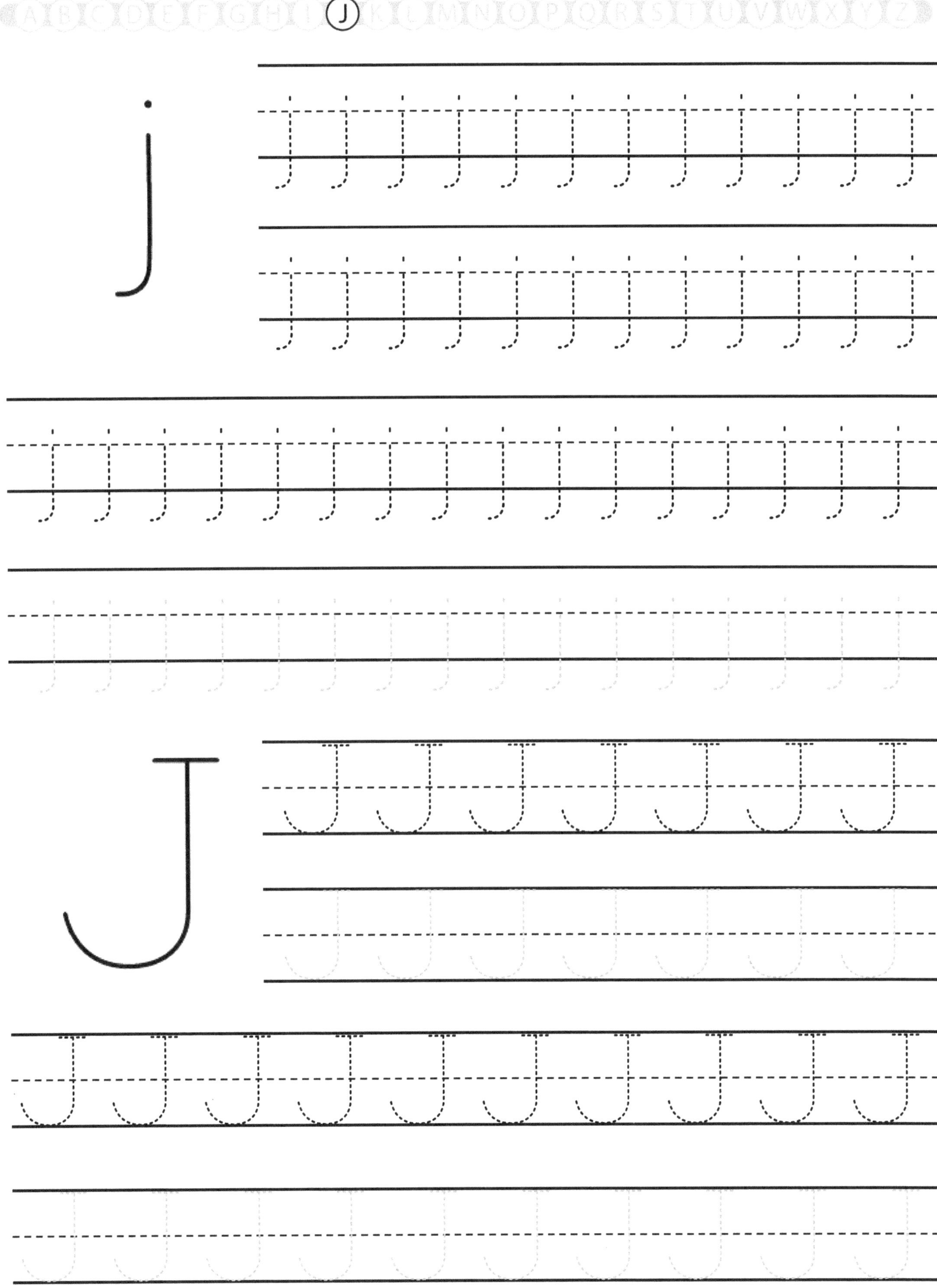

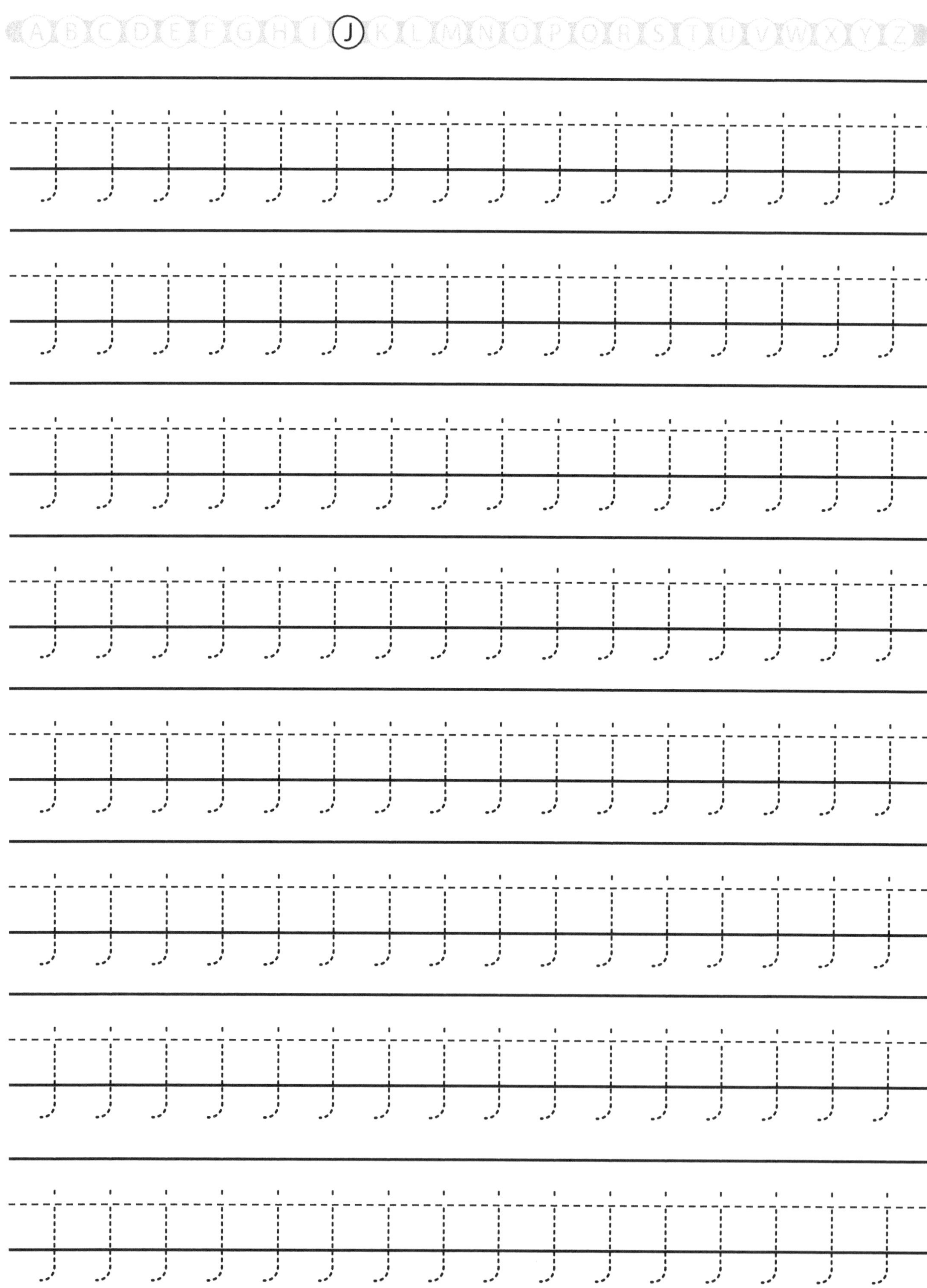

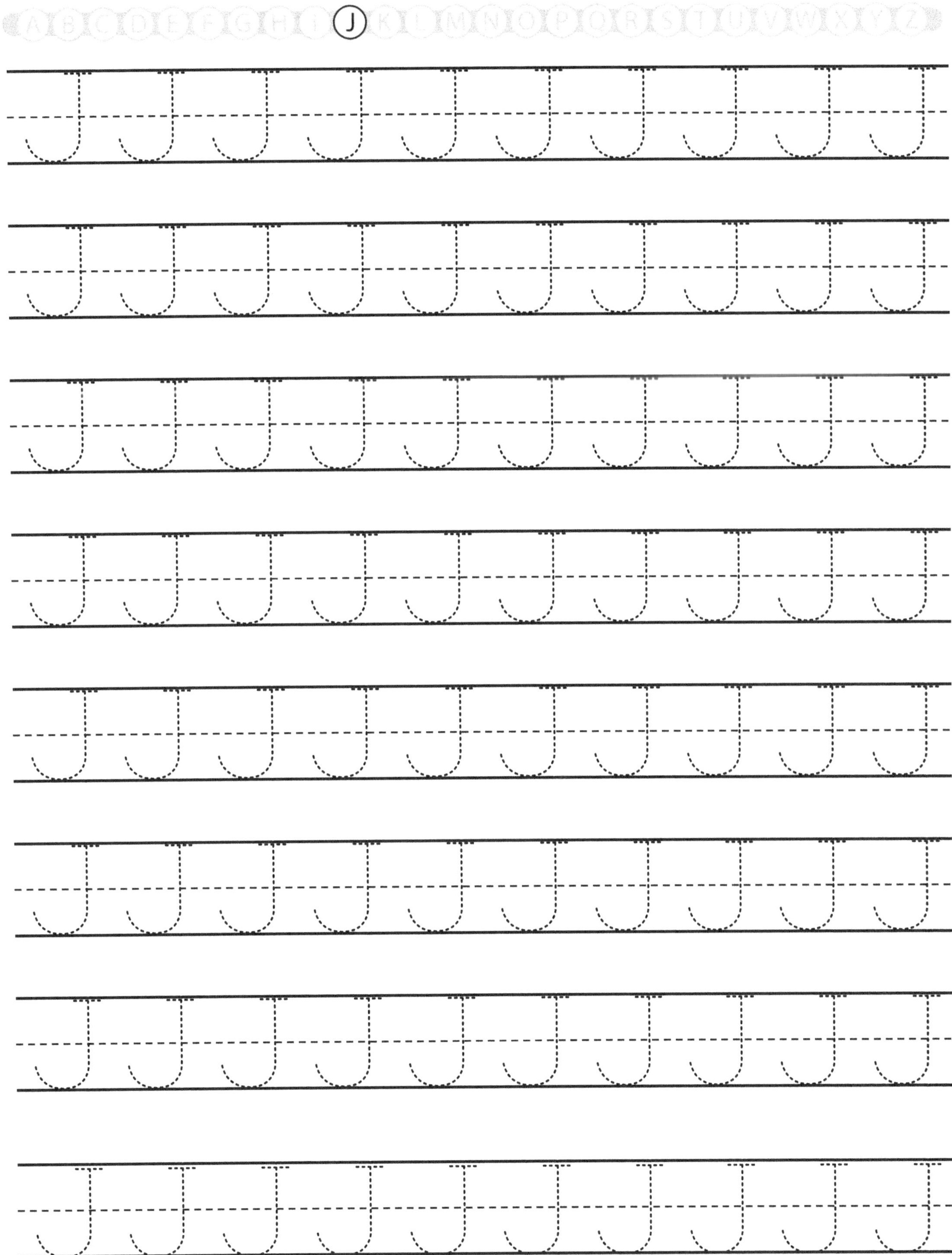

A B C D E F G H I J K L M N O P Q R S T U V W X Y Z

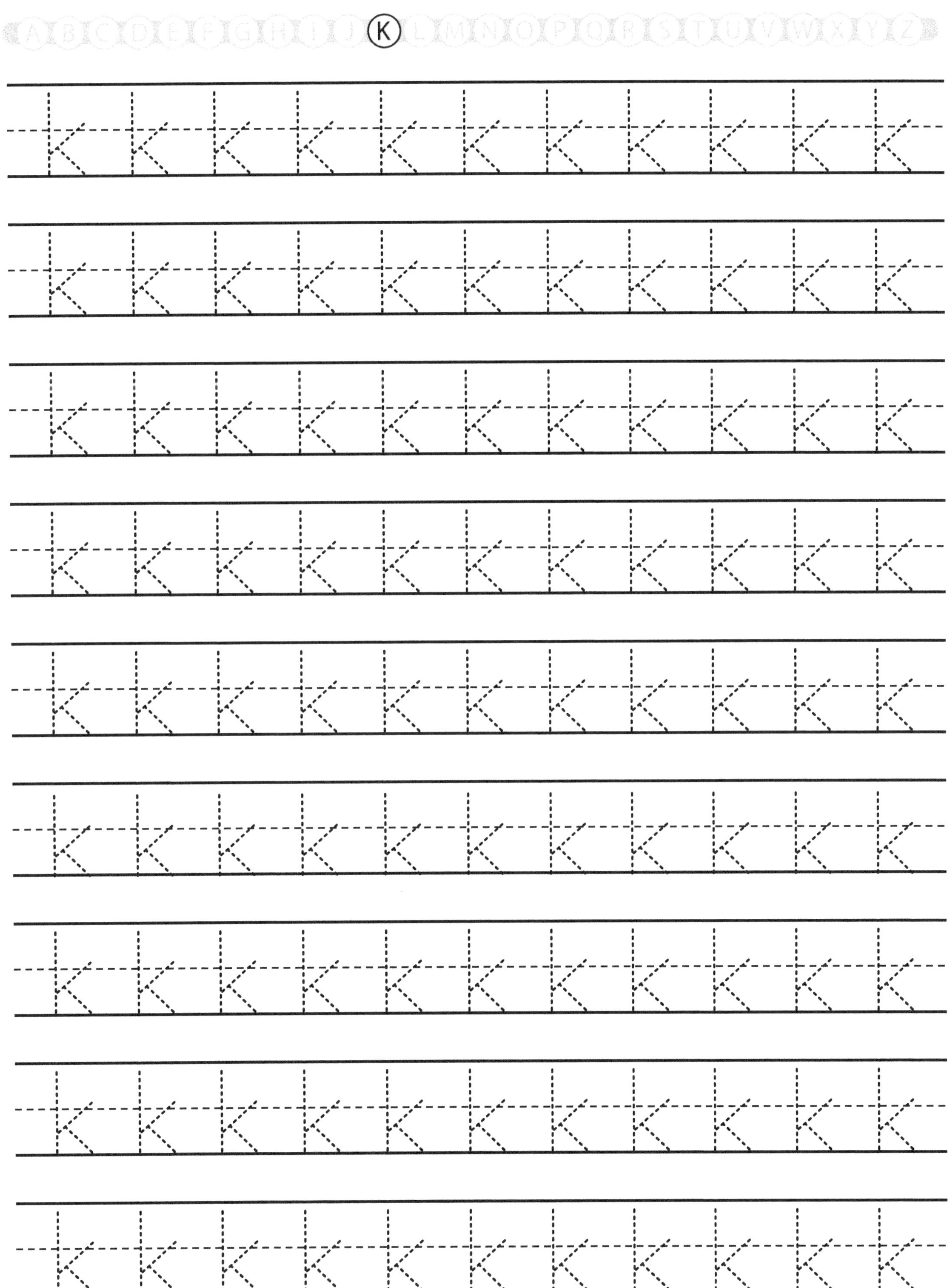

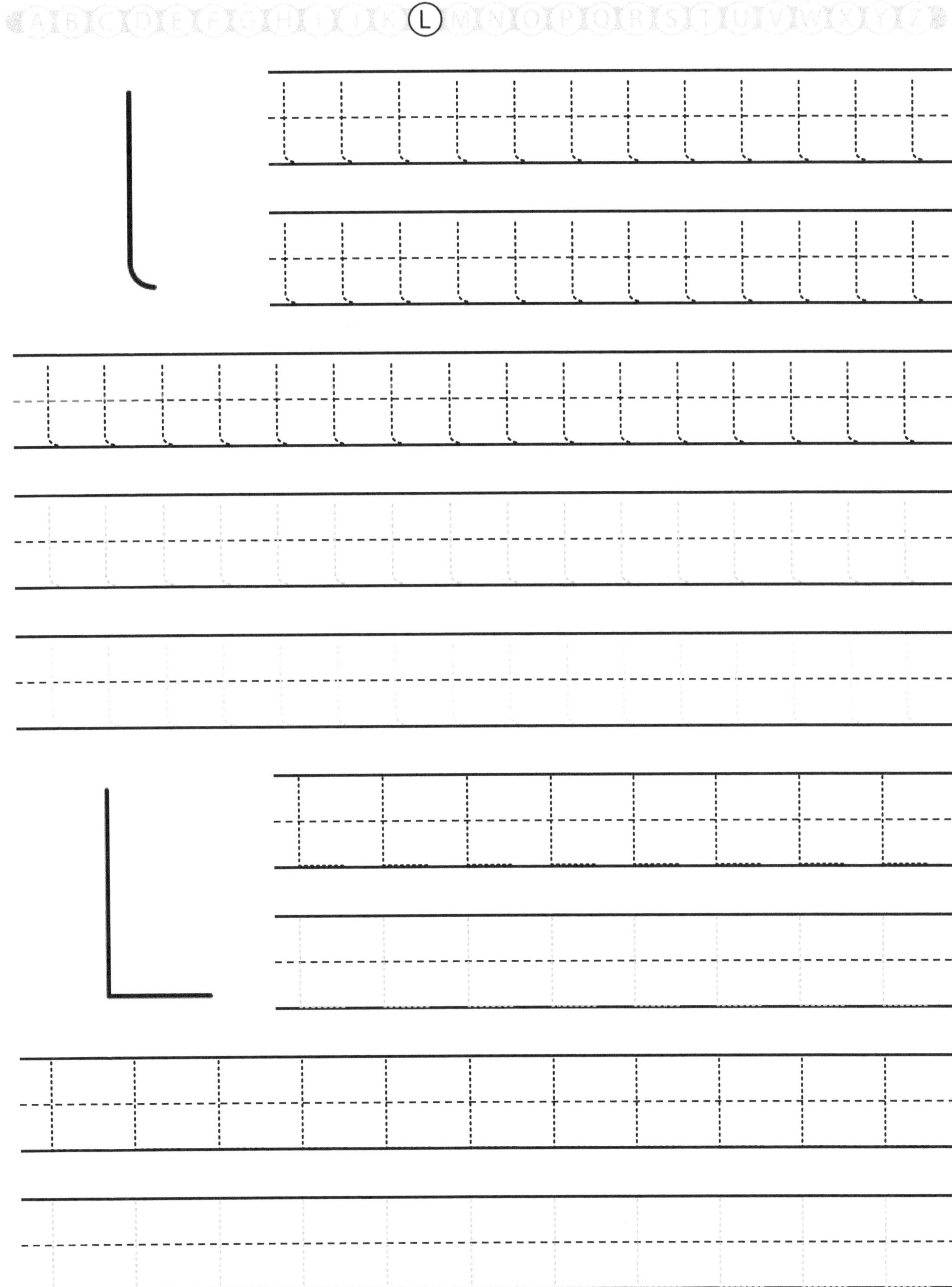

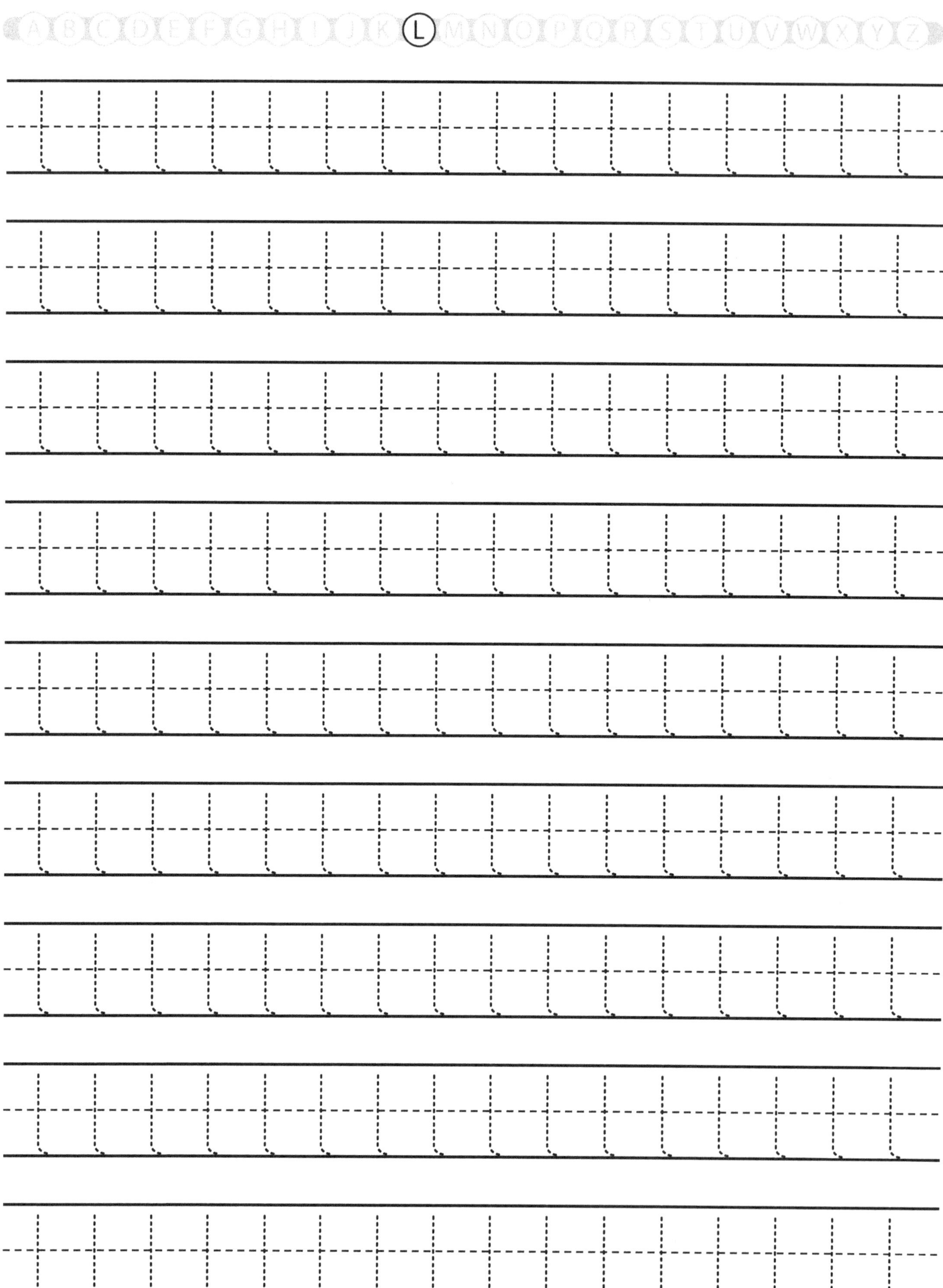
A B C D E F G H I J K L M N O P Q R S T U V W X Y Z

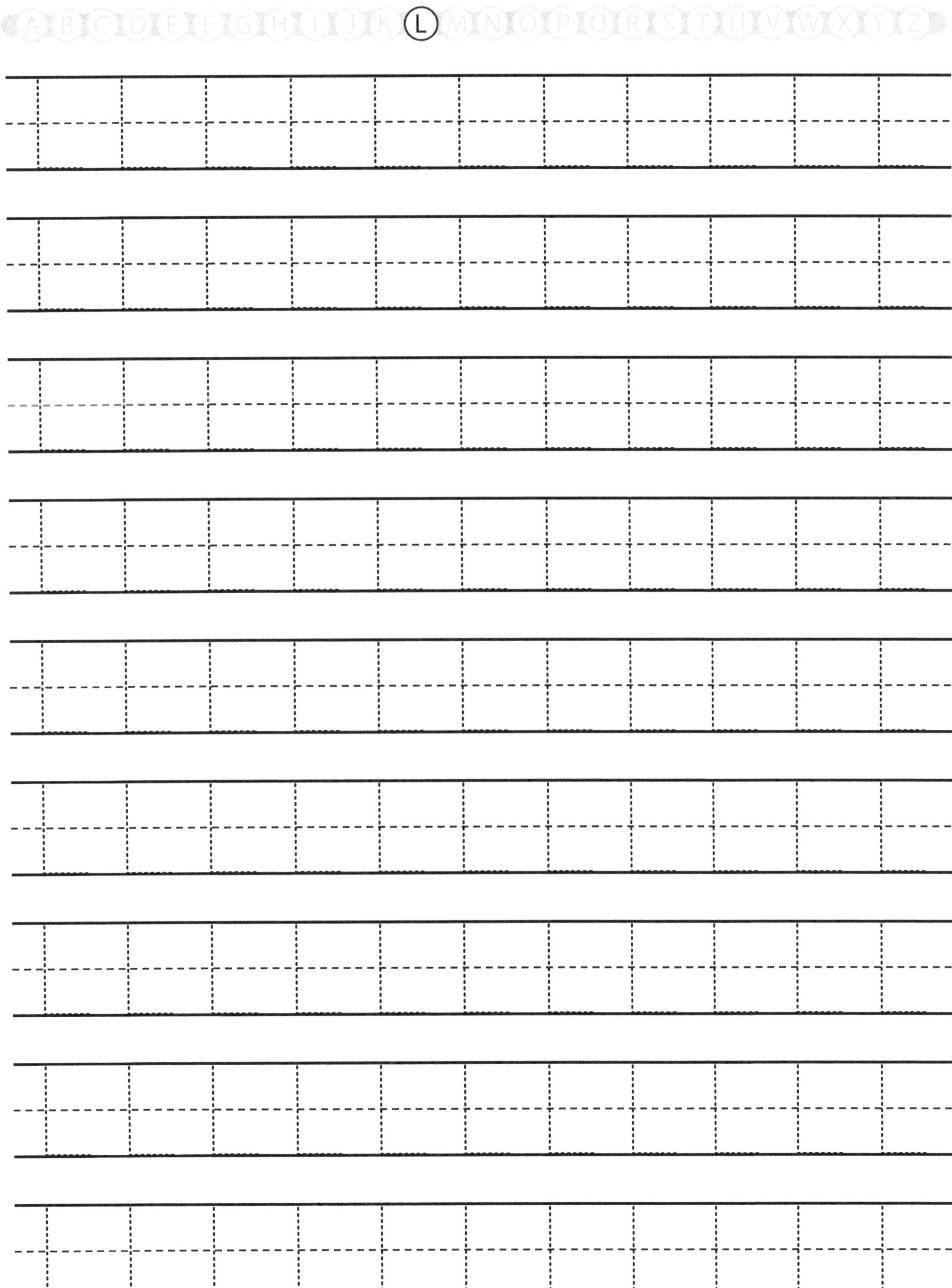

A B C D E F G H I J K L M N O P Q R S T U V W X Y Z

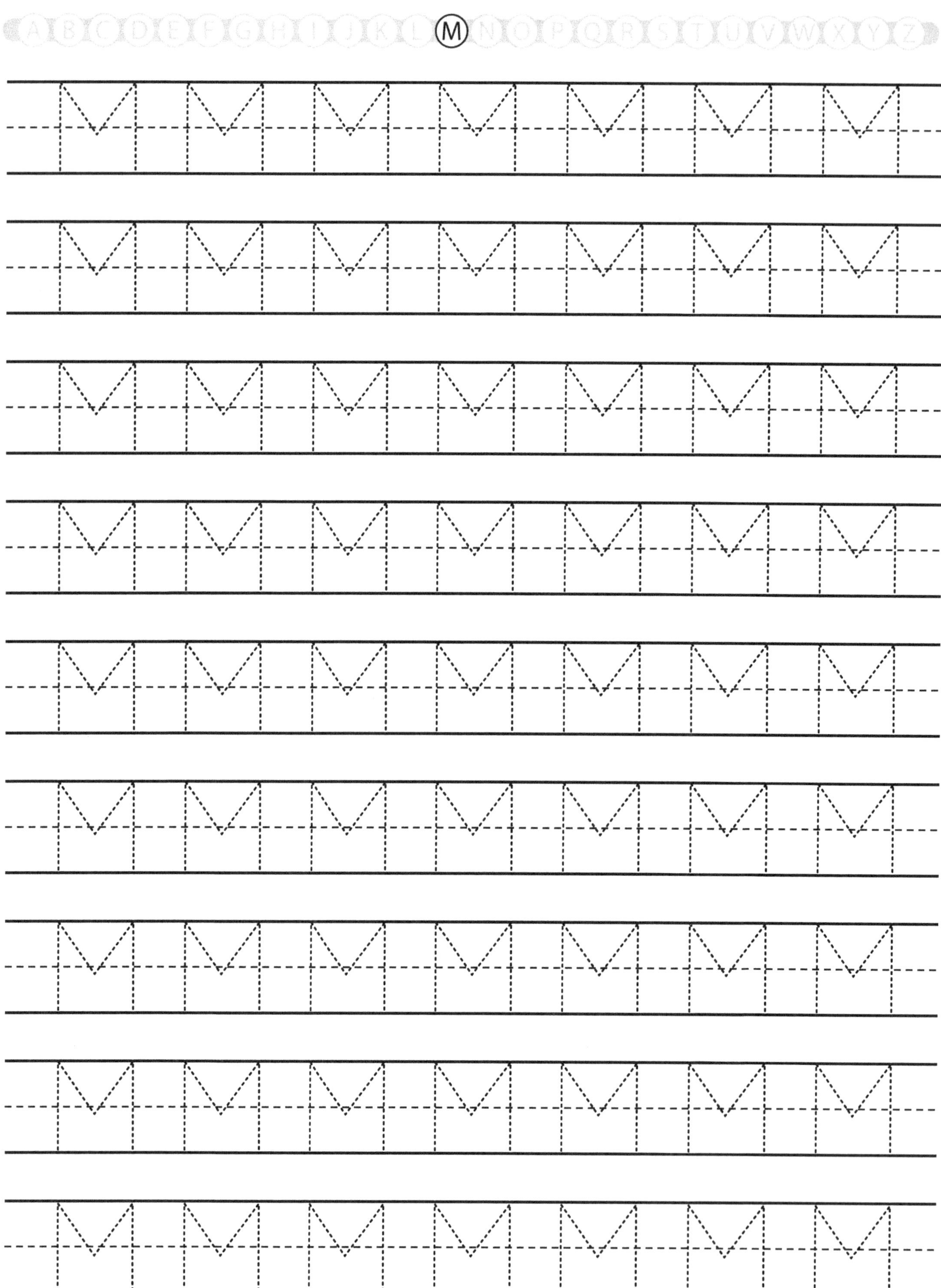

A B C D E F G H I J K L M N O P Q R S T U V W X Y Z
n
N

A B C D E F G H I J K L M N O P Q R S T U V W X Y Z

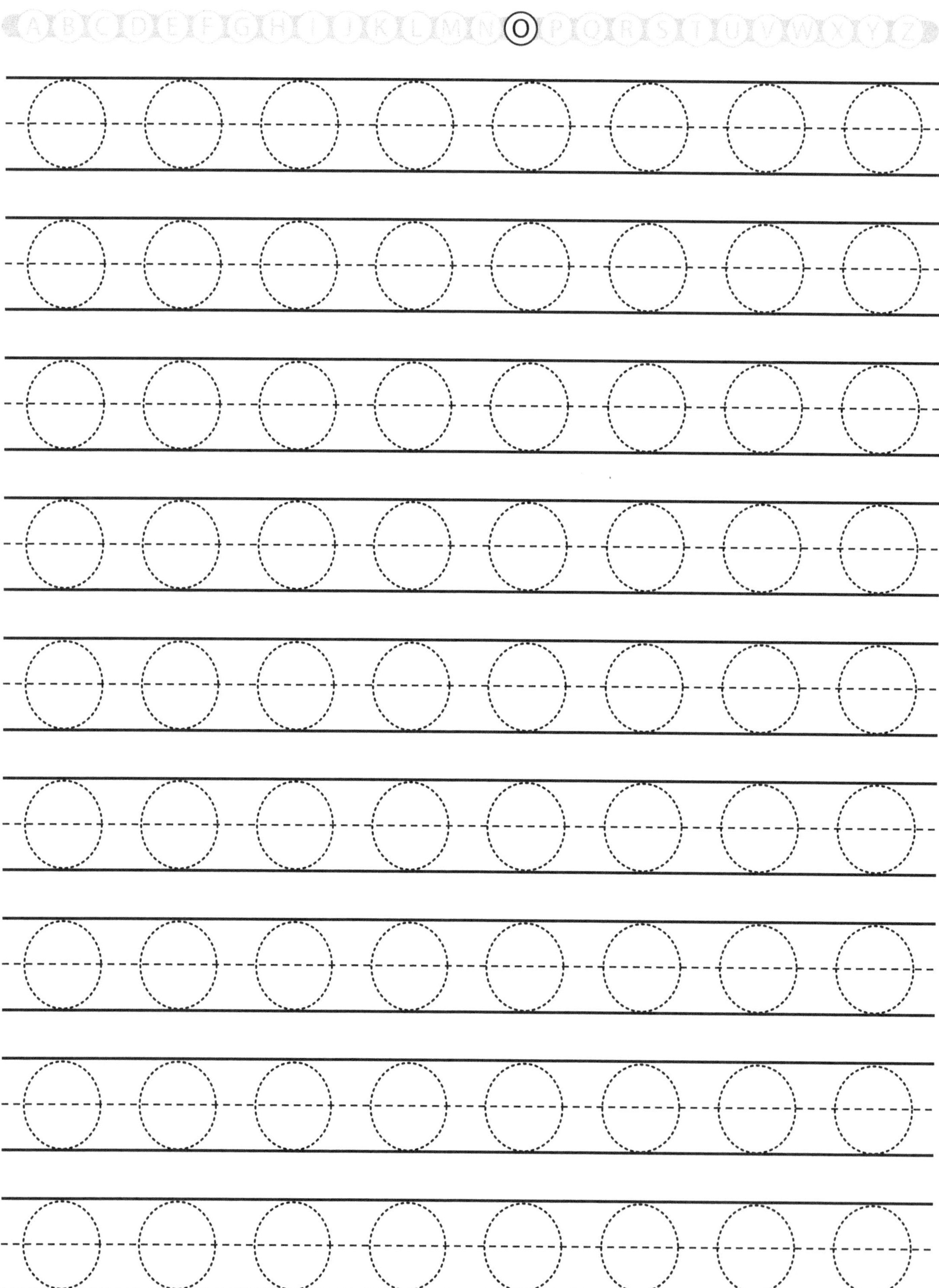

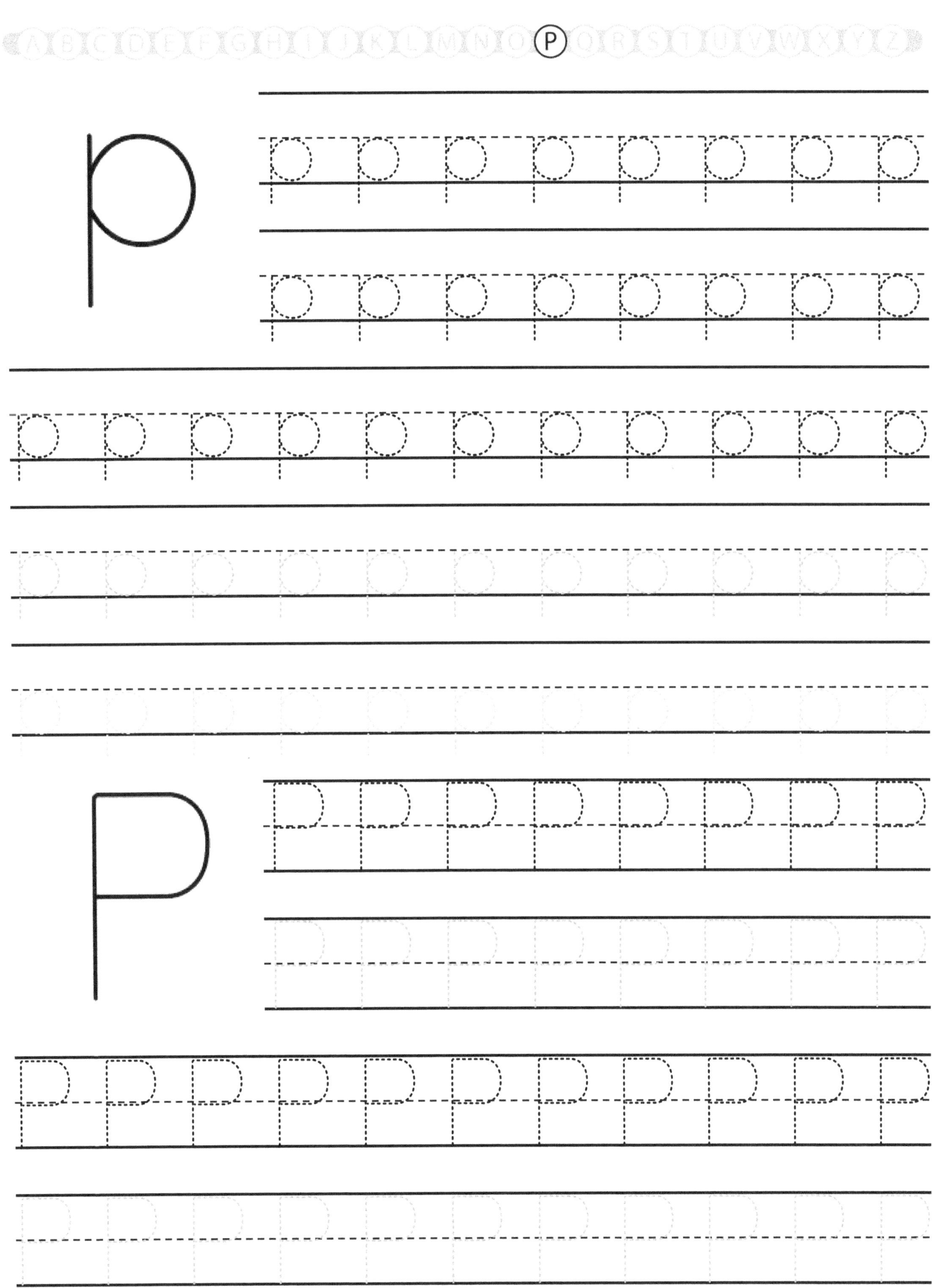

A B C D E F G H I J K L M N O P Q R S T U V W X Y Z

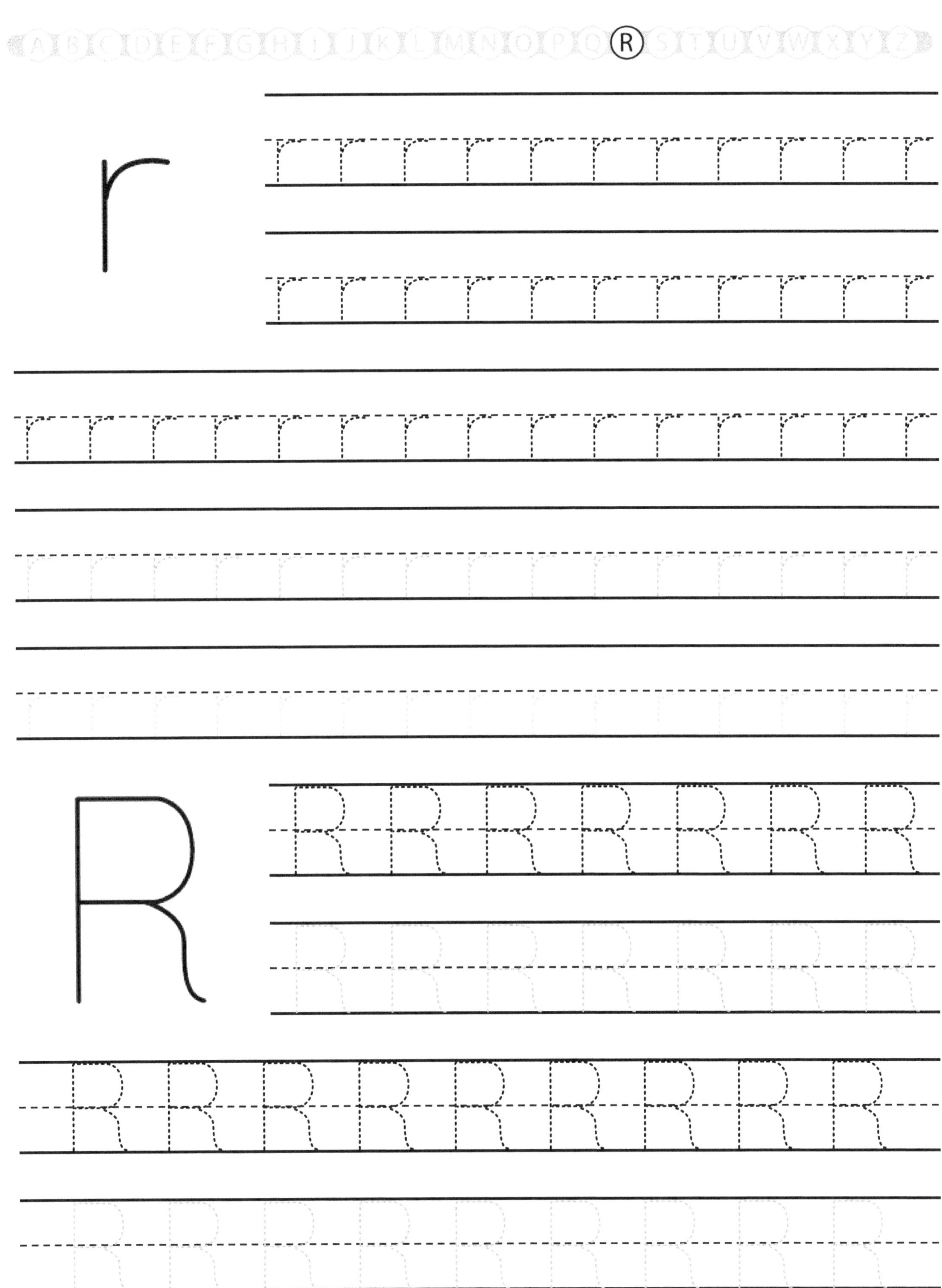

S

S

A B C D E F G H I J K L M N O P Q R S T U V W X Y Z

A B C D E F G H I J K L M N O P Q R S T U V W X Y Z

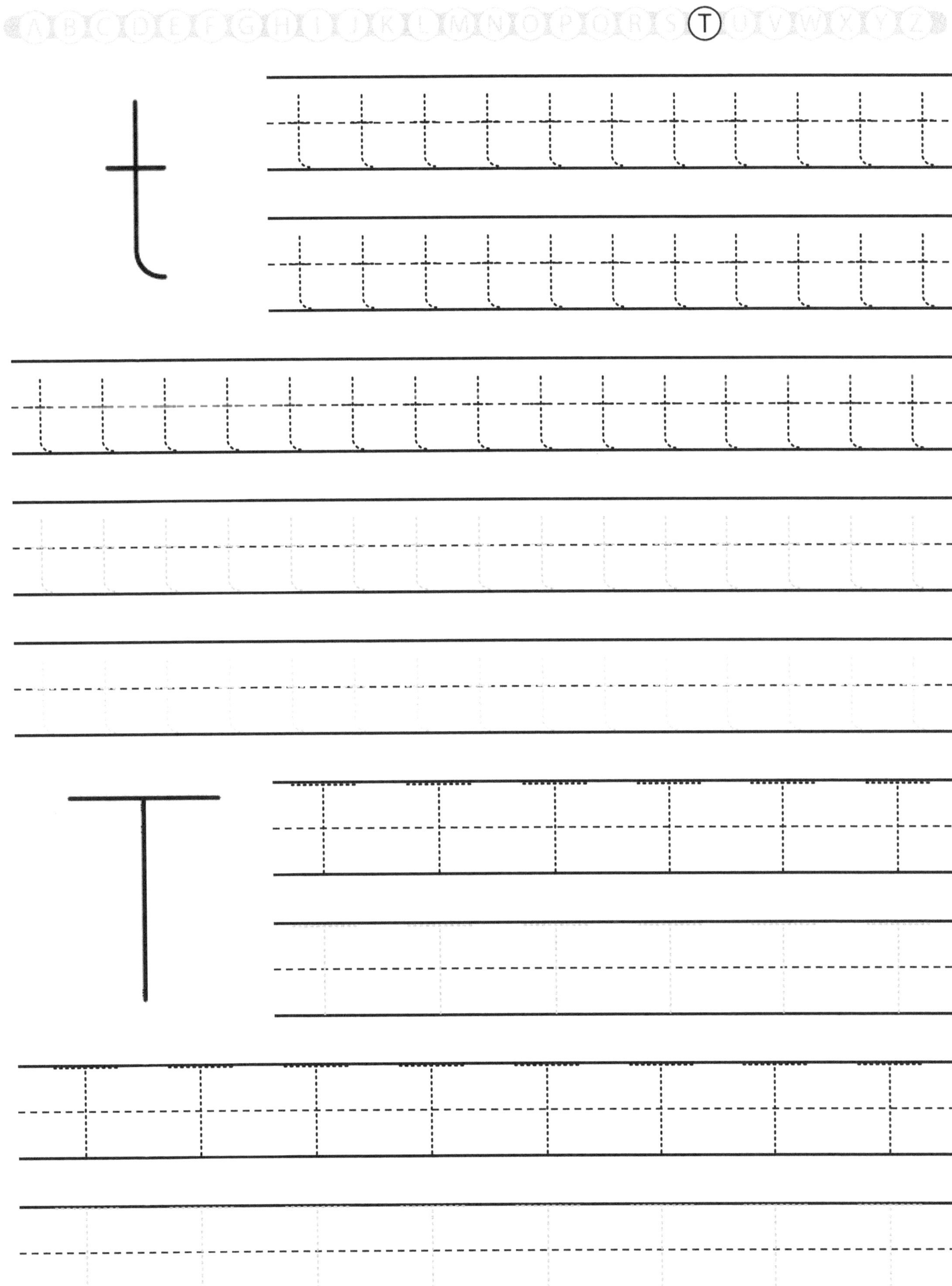

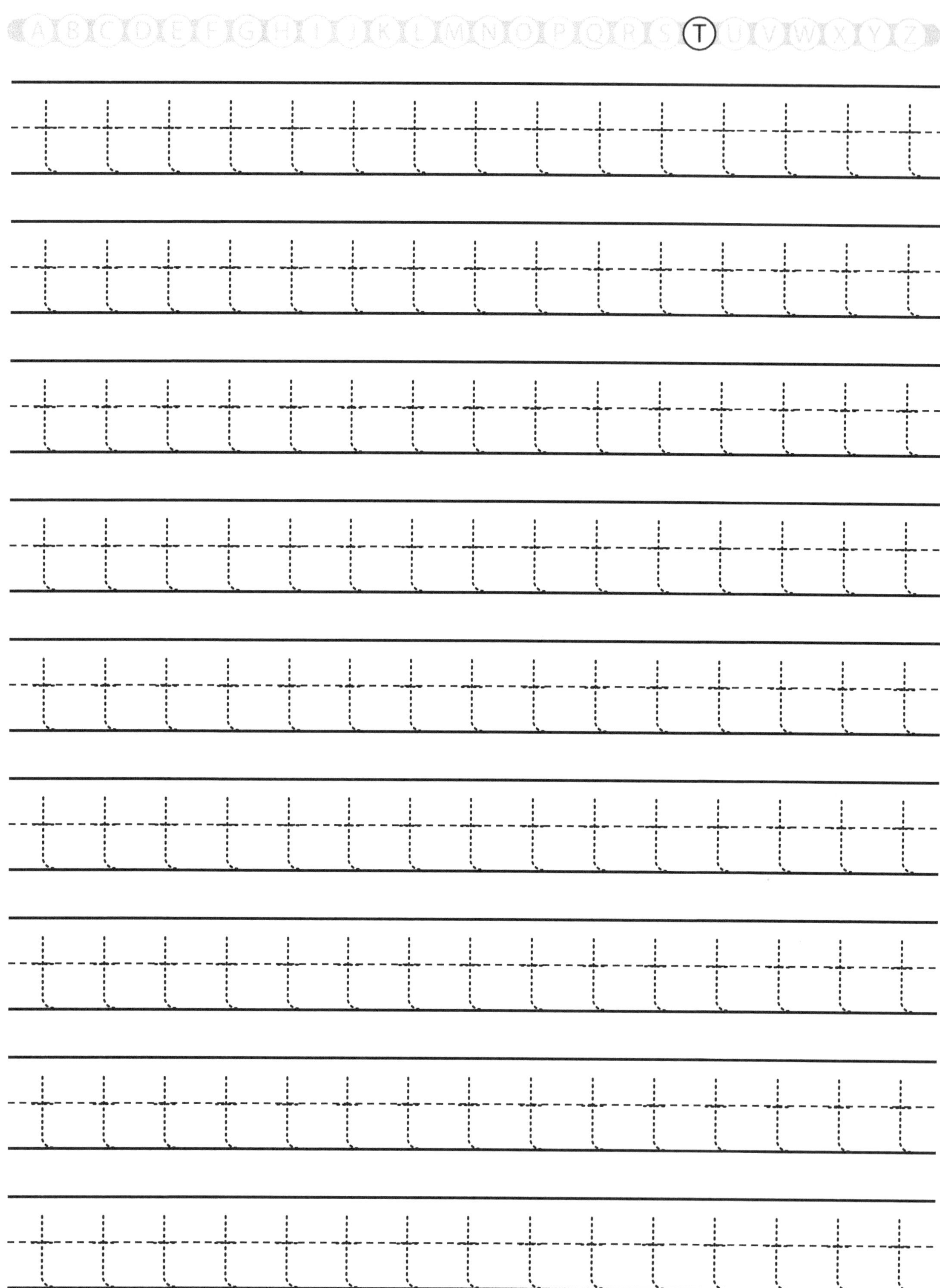

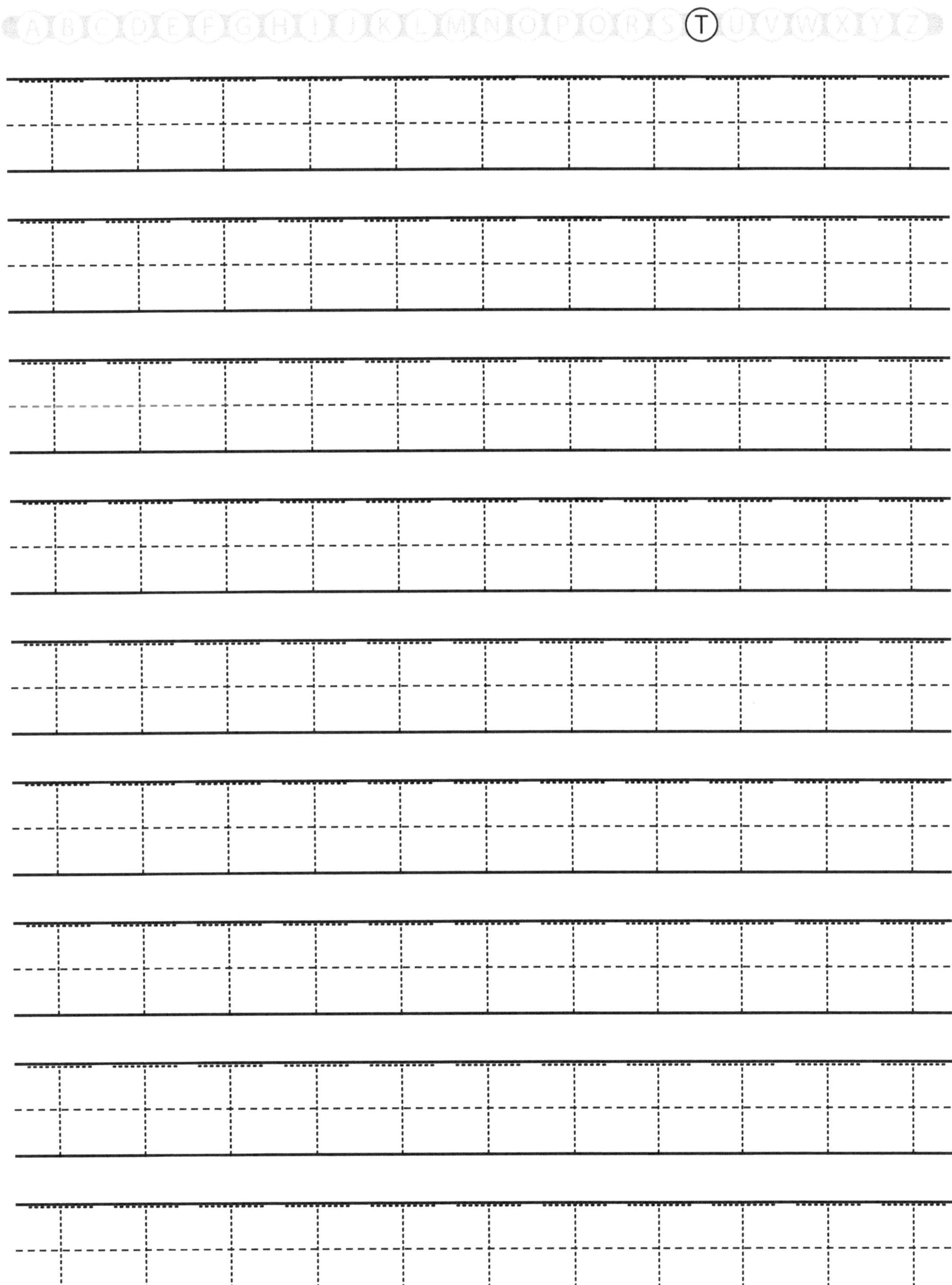

A B C D E F G H I J K L M N O P Q R S T U V W X Y Z

A B C D E F G H I J K L M N O P Q R S T U V W X Y Z

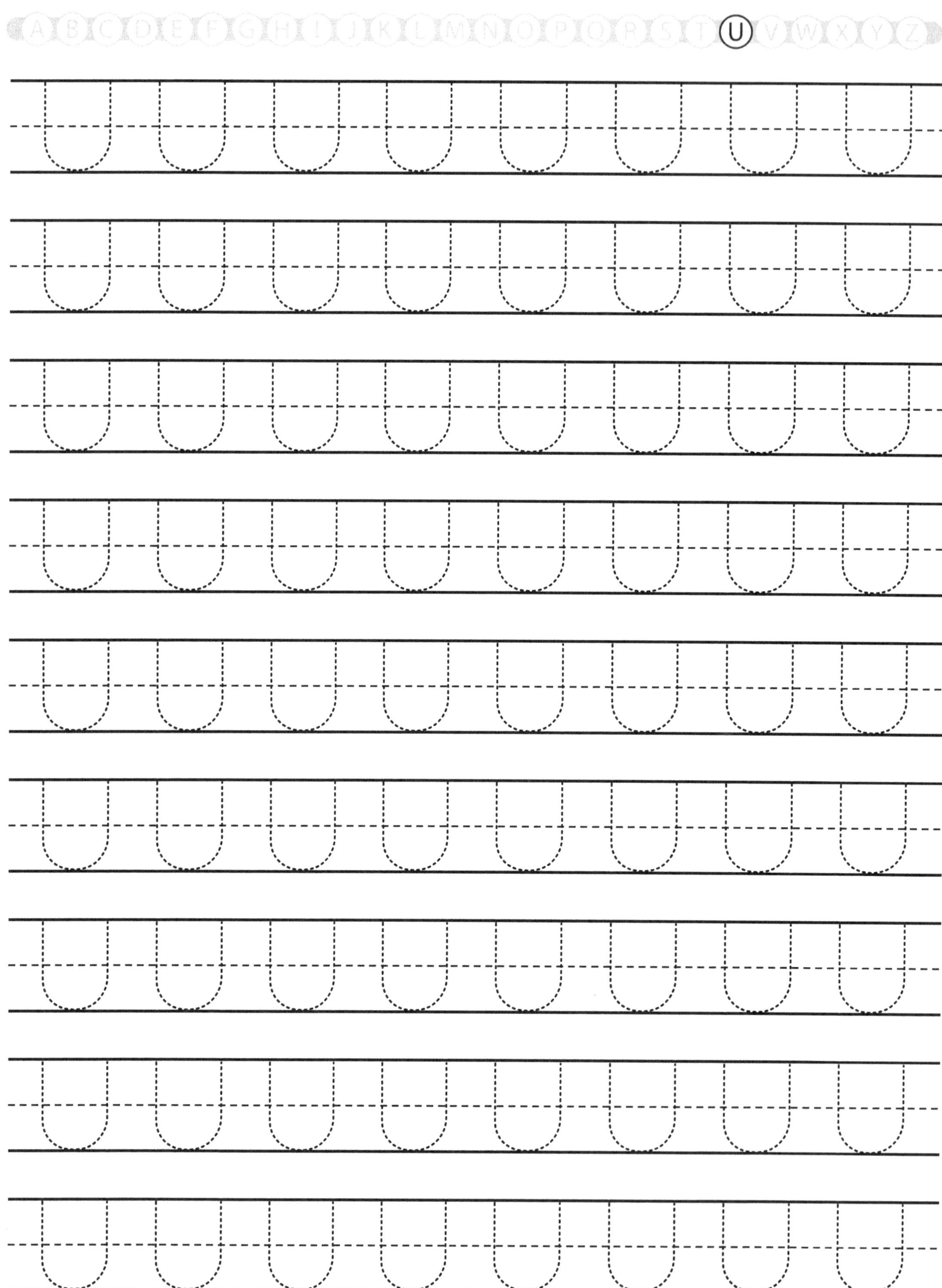

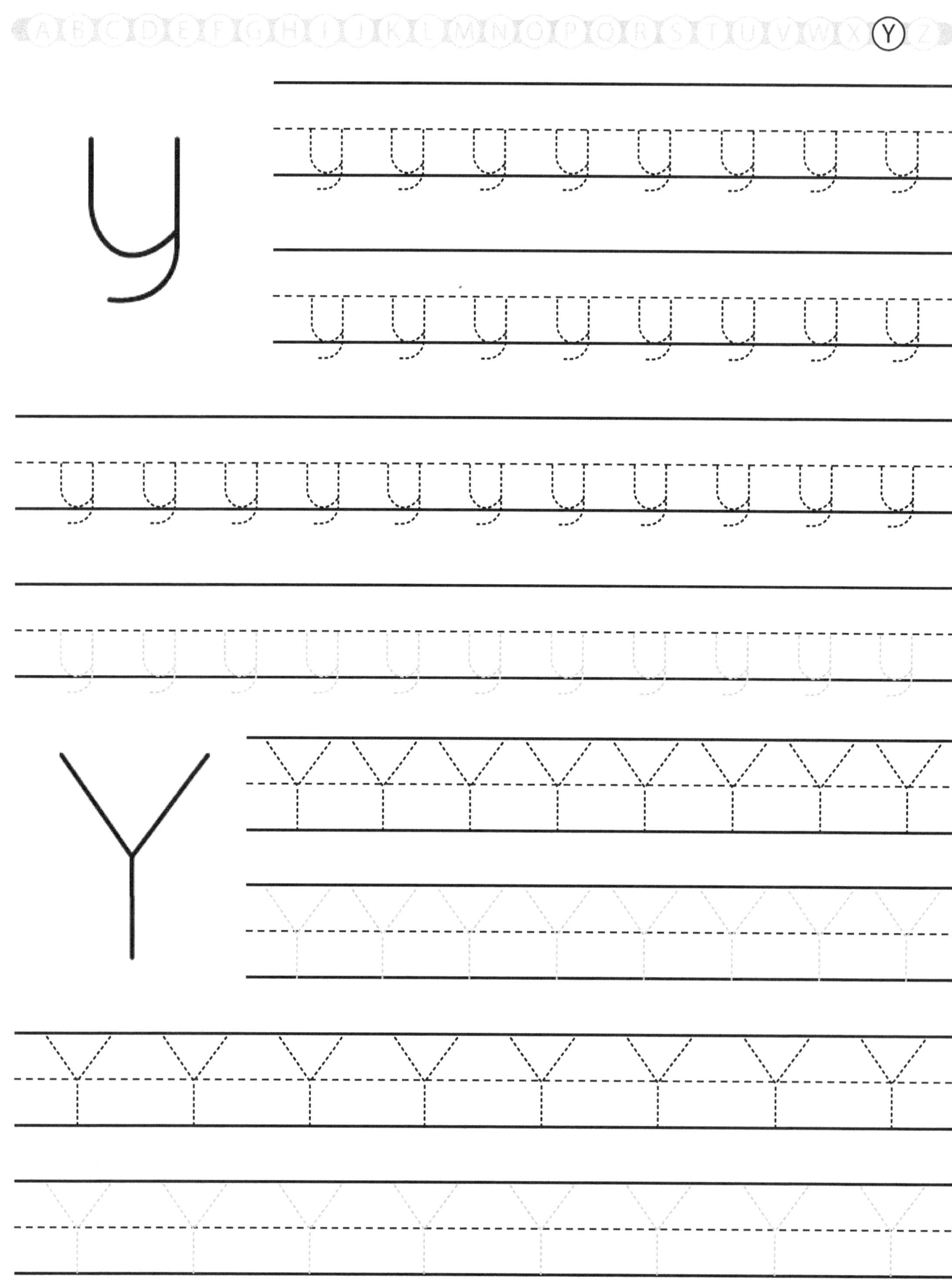

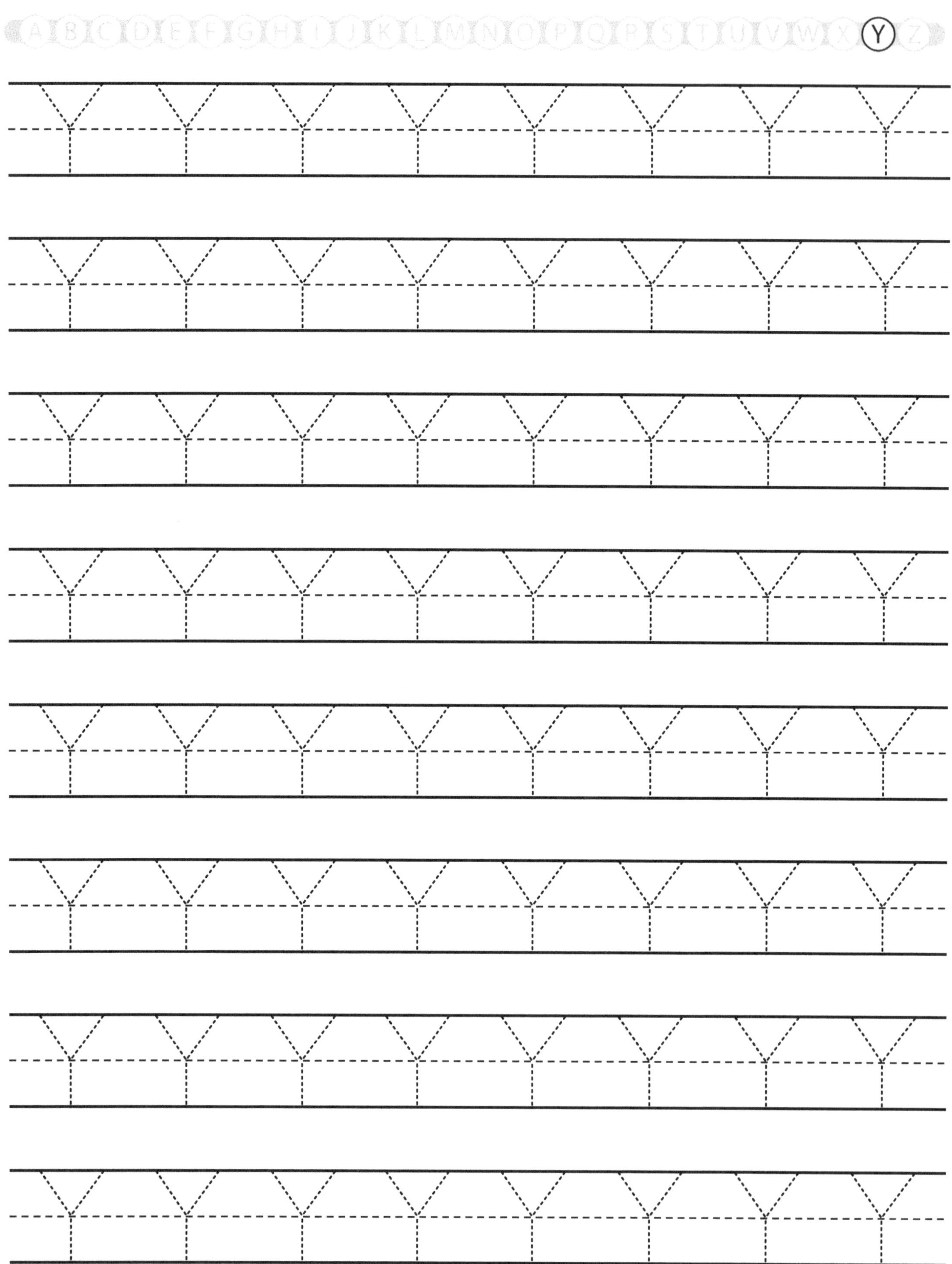

congratulations